Segen für alle Fälle

Bibliografische Information Der Deutschen Bibliothek

Die Deutsche Bibliothek verzeichnet diese Publikation in der Deutschen Nationalbibliografie; detaillierte bibliografische Daten sind im Internet über http://dnb.ddb.de abrufbar.

Leinfelden-Echterdingen
Umschlag: Gerd Ulmer/Dieter Kani
Titelfoto: Gerd Ulmer, Hemmingen
Fotos innen: Dieter Witt; Seite 32 und 75 Verlag
Typografie und Herstellung: Dieter Kani, Stuttgart
Illustrationen: Dorothea Layer-Stahl, Winnenden
Druck und Bindung: Pbtisk a.s., Pribram, Tschechische Republik

ISBN 978-3-7797-2093-5

Dieter Witt

SEGEN

VERLAG JUNGE GEMEINDE

INHALT

Abkürzungen

EG	= Evangelisches Gesangbuch
EG RT	= Evangelisches Gesangbuch (Regionalteil)
KG	= Kindergesangbuch, Claudius Verlag, München
KKH	= Kinder-Kirchen-Hits, Das Liederbuch für den Kinder- und Familiengottesdienst, Verlag Junge Gemeinde, Leinfelden-Echterdingen
KKL	= Das Kirche mit Kindern Liederbuch, Rhein. Verband für Kindergottesdienst (Hg.), Verlag am Birnbach, Birnbach
LH 1/2	= Das Liederheft für Kirche mit Kindern 1 u. 2, Haus kirchliche Dienste der Evang.-luth. Kirche Hannover
LJ	= Liederbuch für die Jugend, Quell im Gütersloher Verlagshaus
MKL 1/2	= Menschenskinderliederbuch 1 u. 2, Zentrum Verkündigung der Evang. Kirche in Hessen und Nassau

Es ist ein Segen wie Gott die Familie zusammenhält, obwohl sie zerbrochen ist. Wie er es schafft, mir die Stärke zu geben, nicht zusammenzubrechen, dass ich da bin für die anderen. Danke Herr!

Einführung

Liebe Leserinnen und Leser!

Wie gewöhnlich stehe ich noch im Talar am Ausgang der Kirche, um die Gottesdienstbesucher persönlich zu verabschieden. Einer der Gottesdienstbesucher gibt mir die Hand. Er hält sie ungewöhnlich lange fest und sagt: »Es war sehr schön, was Sie in der Predigt über den Segen gesagt haben. Wissen Sie: Wenn der Pfarrer am Ende des Gottesdienstes mit erhobenen Händen den Segen spricht, dann ist das für mich, als ob Gott meine Seele streichelt!«
Diese Worte haben mich sehr beeindruckt. Ich habe das Gefühl, dass sie Vieles von dem wiedergeben, was Menschen beim Segen empfinden. Segen ist etwas Wohltuendes. Er hat mit Zuwendung und Zärtlichkeit zu tun. Es geht um Stärkung und Ermutigung, die ich erfahre. Und der Segen geht von Gott aus. Ich darf in ihm Gottes Zuwendung zu mir erfahren und annehmen.

Der Segen ist für mich im Laufe der Jahre zu einem wichtigen Element in der Gemeindearbeit geworden. Die große Resonanz von Menschen aller Altersgruppen hat gezeigt, dass die Kraft des Segens von vielen gespürt und als ermutigend empfunden wird.
So sind im Laufe der Jahre in Zusammenarbeit mit vielen unterschiedlichen Menschen Entwürfe zu Segens- und Salbungsgottesdiensten, Konfirmanden- und Kinderfreizeiten mit dem Thema Segen, Stationenwege zum Segen und vieles andere mehr entstanden.

Wenn Sie im Buch blättern, dann finden Sie zunächst Fragen, die Ihnen helfen können, sich Ihr persönliches Vorverständnis zum Segen bewusst zu machen. Eingestreut finden Sie auf vielen Seiten des Buches »Notizzettel« mit Aussagen von Kindern, Jugendlichen und Erwachsenen, wie sie bei unterschiedlichen Anlässen aufgeschrieben wurden. Interessant kann der Vergleich mit Ihren eigenen Segenserfahrungen sein.

Beobachtungen zu unserer Alltagssprache lassen deutlich werden, dass wir in vielen Zusammenhängen Segensformulierungen bewusst oder unbewusst benutzen. Ausführlich wird anschließend die Entwicklung des Segensbegriffs in der Bibel dargestellt.

In weiteren Kapiteln finden Sie kreative Entwürfe für die Gemeindearbeit für alle Altersgruppen und zu Anlässen wie: Taufe, Tauferinnerungsgottesdienst, Kinder- und

Schulgottesdienst, Sonntagsgottesdienst, Segensandacht für Senioren und vieles andere mehr. Die Formen der Darbietung sind neben traditionellen Formen vielfältig: Erzählung mit Handpuppe, Rückengeschichte, Bildmeditation, Erzählung mit Legematerial und im Sandsack, Erzählung mit Chor ...

Segensgottesdienste haben ihren spezifischen Ort an den verschiedenen Stationen des Lebenskreises. Ihnen ist ein eigenes Kapitel gewidmet.

Segen in besonderen Formen finden Sie, wenn ein biblischer Stationenweg zum Segen, ein Segen zum Mitnehmen am Wanderweg oder zwei Gottesdienste bei einer Konfirmandenfreizeit beschrieben werden. Eine Kinderfreizeit mit vier Gottesdiensten zum Segen wird ausführlich vorgestellt.

Alle Entwürfe sind als Anregungen für die eigene Auseinandersetzung mit dem Thema Segen zu verstehen. Insbesondere sind sie aber für die praktische Umsetzung niedergeschrieben. Manches ist mehr für die Arbeit von Theologen interessant. Das meiste aber ist bestimmt für den praktischen Gebrauch durch Mitarbeitende in der Gemeindearbeit: vom Kindergarten über den Kindergottesdienst, die Jugendarbeit, die Freizeiten, bis hin zur Seniorenarbeit.

Es ist ein Buch aus der Praxis für die Praxis. Denn viele Erfahrungen der Mitarbeitenden sind in die Entwürfe eingeflossen. Ohne die Mitarbeit vieler ehrenamtlicher Mitarbeiter/innen, Kindergärtnerinnen, Jugendleiter/innen, Lehrer/innen bei der Vorbereitung und Durchführung der Entwürfe zum Segen hätte dieses Buch nicht entstehen können. Ihnen allen gilt an dieser Stelle mein Dank. Hervorzuheben ist vor allem das Engagement und der Ideenreichtum des Gottesdienstteams an der Bielertkirche Opladen und seiner Leiterin Ilona Brand. Wenn es gelungen ist, schwierige theologische Zusammenhänge so darzustellen, dass sie allgemein verständlich sind – und das nicht nur für Kinder – dann hat sie als Grundschullehrerin daran großen Anteil.

Betrachten Sie die vorgelegten Entwürfe vor allem als Anregungen, die Sie für sich und Ihre Gemeindesituation verändern und anpassen können. Ich wünsche Ihnen dazu Gottes Segen!

Dieter Witt *Leichlingen, im Sommer 2014*

Sich mit dem Segen vertraut machen

Annäherungen und Zugänge

Sich dem Segen persönlich nähern

Die meisten Menschen haben eine tief eingewurzelte Ahnung davon, dass der Segen Gottes wohltuend ist. Segen zu empfangen weckt vielerlei Empfindungen.
Gerade deshalb möchte ich Sie einladen, sich - ehe Sie weiterblättern - auf einige Fragen zum Segen einzulassen und eigene Antworten zu versuchen. Schreiben Sie Ihre Gedanken ruhig auf. Dann können Sie später nochmals darauf zurückgreifen und Ihr Vorverständnis mit Aussagen im Buch vergleichen, sich vielleicht in Aussagen zum Segen anderer Menschen wiederfinden oder inneren Widerspruch erheben.

In welchen Redewendungen oder Sprichwörtern kennen Sie die Begriffe »Segnen« oder »Segen«?

In welchen Zusammenhängen sind Sie dem »Segen« bzw. dem »Gesegnetwerden« bereits begegnet?

In welchen biblischen Geschichten haben Sie vom »Segen« gehört?

Bitte ergänzen Sie den Satz: Der Segen ist für mich wie ...

Sich mit dem Segen vertraut machen

Das Glück und der Segen

»Viel Glück und viel Segen!« So wünschen wir es jemandem, der Geburtstag hat. Glück und Segen liegen offenbar dicht beieinander. Denn es geht hier wie dort um Unverfügbares. Wenn wir von Glück sprechen, dann denken wir meist an das persönliche Glück einzelner Menschen. Auch die Bibel spricht vom Glück. »Gott nahe zu sein, das ist mein Glück.« (Psalm 73,28) Damit kommt der Glaube ins Spiel. »Irdisches Glück und christlicher Glaube – das verträgt sich nur dann nicht, wenn wir ›Glück‹ allein mit einem egoistischen Erhalten und Haben von materiellen Gütern und äußeren Erfolgen gleichsetzen. Wir glauben: Glück ist immer auch das Glück der anderen.«[1] Damit ist angedeutet, dass Glück im Sinne der christlichen Botschaft immer auch auf das Glück der anderen zielt und es umfasst. Damit aber wird das Glück mit dem Segen verknüpft. Nikolaus Schneider formuliert das so: »Die Bibel bindet Glück an den Segen Gottes. Und der Segen Gottes zielt immer auf ein irdisches Leben in friedlicher, gerechter und mitmenschlicher Gemeinschaft - und auf unzerstörbares Leben im Gottesreich.«[1] Der Segen hat also stets eine theologische Dimension, die beim Glück nicht unbedingt in den Blick kommt.

Gottes Segen ist ein Geschenk

»An Gottes Segen ist alles gelegen!« So sagt es das Sprichwort und deutet an, worum es geht, wenn wir vom Segen und Segnen sprechen: Wir Menschen haben vieles in unserem Leben selbst in der Hand. Wir können es gestalten. Aber das Gelingen steht nicht in unserer Hand. Wir hoffen dazu auf Gottes Segen. Wir hoffen darauf, dass der Segen Gottes uns auf unserem Lebensweg hilft und begleitet. Wir hoffen, dass er uns vor Argem bewahrt und uns Kraft gibt für die Anforderungen, vor die wir gestellt sind. Wir hoffen darüber hinaus, dass der Segen Gottes uns befähigt, selbst segensreich zu wirken.

Der Segen ist in der Sprache gegenwärtig

Auch in unserer säkularer gewordenen Welt ist der Segen in der Alltagssprache gegenwärtig. Wir sprechen davon, dass die Politik »einen Plan abgesegnet« hat. Wir sprechen von »segensreichen Erfindungen« oder vom »segensreichen Wirken« eines Menschen. Wir kennen die Bezeichnung »ein gesegnetes Alter haben«, wenn ein Mensch hochbetagt ist. Selbst der rheinische Abschiedsgruß: »Tschüss« oder

1) Nikolaus Schneider in seiner Neujahrsbotschaft als EKD-Ratsvorsitzender, in: http://www.presseportal.de/pm/55310/2629666/ vom 30.12.2013

»Tschöh!« hat religiöse Bedeutung, kommt er doch vom französischen »Adieu« und das heißt: »Gott befohlen«. Früher einmal war das auch im Deutschen ein gebräuchlicher Segenswunsch beim Abschied.

Zum Begriff »Segen« – ein erster Überblick

Das deutsche Wort »segnen« stammt – anders als in den romanischen Sprachen - vom lateinischen Wort signare ab und bedeutet »mit einem Zeichen versehen«. Damit ist das Kreuzzeichen als Segenszeichen gemeint.
Die mit »segnen« übersetzten Worte heißen hebräisch »barakh« und griechisch »eulogein« (wörtlich: gut sagen). Sie weisen eine Doppelbedeutung auf: Sie sind einerseits mit »segnen«, andererseits aber auch mit »loben« und »preisen« zu übersetzen. Deshalb ist in manchen Übersetzungen die Formulierung zu finden, dass Menschen Gott segnen. In dem alten Wort »benedeien«, das vom lateinischen Wort »benedicere« kommt, schwingen noch beide Bedeutungsinhalte mit. So heißt es z.B. in Lukas 21,42: »Gebenedeit seist du unter den Frauen!«

Segnen bedeutet also, einem anderen Menschen Gutes zu wünschen und ihm das im Namen Gottes zuzusprechen. Der Segen - wie auch sein Gegenteil, der Fluch - ist in vielen Religionen anzutreffen. Segen bedeutet die Gabe des Lebens und den Erhalt des Lebens. Der Fluch zielt auf die Zerstörung des Lebens und der Gemeinschaft. Der Ort des Segens ist vielfach eine Schwellensituation: Beginn und Ende des Lebens, Heirat, Reisebeginn, Begrüßung oder Abschied und anderes mehr.

Die Kirche und der Segen

Der Wunsch nach Gottes Segen war vor einigen Jahrzehnten noch nicht so ausgeprägt wie heute. Heute kann man sogar von einer Wiederentdeckung des Segens zumindest im protestantischen Bereich sprechen. Viele Brautpaare wünschen sich die kirchliche Trauung gerade wegen der Segnung nach dem Trauversprechen. Bei der Beerdigung fühlen sich viele Trauernde gerade durch den Segen für den Verstorbenen oder die Verstorbene getröstet. Die Zahl der Segensgottesdienste in den Gemeinden nimmt zu. Segensgottesdienste auf Kirchentagen sind überfüllt.
In der theologischen Forschung war es vor allem Klaus Westermann, dessen Untersuchungen zum Segen von weitreichender Bedeutung waren. Vor allem von seinen Erkenntnissen beeinflusst wurden die in diesem Buch vorgelegten Entwürfe entwickelt.

Da der Segen seinen Platz vor allem in Übergangssituationen des Lebenskreises hat, ist er ein wesentlicher Bestandteil der Gottesdienste zur Taufe, Konfirmation, Trauung, sowie der Beerdigung.

Segenszuspruch in unterschiedlichen Formen

Die Formen des Segenszuspruches können durchaus unterschiedlich sein: Es kann ein einfacher Segenszuspruch sein. Er kann mit der Handauflegung verbunden werden. Der Segen kann im Mittelpunkt der gesamten Gottesdienstgestaltung als entfalteter Segenszuspruch stehen, wie zum Beispiel bei Ordinationen und Amtseinführungen, Gottesdiensten mit Reisesegen, Segnungsgottesdiensten für Mitarbeitende.
Während die katholische Kirche auch Gegenstände, Gebäude, Brücken u.a.m. segnet, ist das in der evangelischen Kirche in der Regel nicht der Fall.

Segen und Salbung

Eine besondere Form der Segnung ist die Salbung. Dabei wird der Segen sehr intensiv als persönlicher Zuspruch erfahren. In der katholischen Kirche ist er vor allem in Form der Krankensalbung schon seit vielen Jahrhunderten gebräuchlich und ist dort ein Sakrament. Dabei wird der/die Kranke mit Chrisam-Öl an der Stirn und an den Händen gesalbt. In der evangelischen Kirche wird die Salbung seit einigen Jahren zunehmend praktiziert. Sie wird allerdings nicht als Sakrament verstanden, wohl aber als eine besonders wohltuende Form des Segens, die nicht nur an Kranken vollzogen wird.

Wer darf segnen?

Jeder Mensch darf segnen. Dennoch überlassen es die meisten Menschen den Pfarrern und Priestern, den Segen zu spenden. Dabei sind zwei Formen des Segnens zu unterscheiden: **die Segensbitte und der Segenszuspruch**. In der Tradition der reformierten Kirchen wird der Segen lediglich als Segensbitte formuliert und nicht von Gesten begleitet. Der Segenszuspruch mit erhobenen Händen und Kreuzschlagen ist der lutherischen Tradition zuzurechnen und geht auf die ersten Jahrhunderte zurück, in denen zunächst nur die Bischöfe berechtigt waren zu segnen.[1]
In der katholischen Kirche ist der Segenszuspruch mit dem Kreuzzeichen und/oder ausgestreckten Händen, z.B. am Ende eines Gottesdienstes, laut Rahmenordnung der Deutschen Bischöfe nur geweihten Amtsträgern (Bischöfen, Priestern und Diakonen) erlaubt. Laien sprechen den Segen in der »Wir«-Form als Segensbitte und bezeichnen sich ebenso wie die übrigen Feiernden selbst mit dem Kreuzzeichen. Bei familiären Segnungen oder auch als Segensgeste über Personen in Gottesdiensten können Laien jedoch auch das kleine Kreuzzeichen mit dem Daumen auf die Stirn zeichnen. Laien können die Gemeinde auch zum Segen mit Weihwasser besprengen und mit Weihwasser Gegenstände segnen.[2]

1) nach Birgit Müller; in Segensworte und Segensgesten, Frankfurt 1994; S.182
2) Quelle: http://www.praxis-gottesdienst.net/frage_antwort/frage_antwort_detail.html?k_beitrag=3128588

Allerdings ist der Segen in den vergangenen Jahrhunderten auch in vielen Familien verwurzelt und gebräuchlich gewesen. Nicht nur in ländlichen, katholischen Gegenden war es üblich, dass Eltern ihre Kinder beim Zu-Bett-Gehen oder vor dem Weg zur Schule segneten. Gleichfalls gab es den Brauch, in das Brot vor dem Anschneiden ein Kreuz als Segenszeichen einzuritzen.

Festzuhalten ist: Es ist keine Anmaßung, wenn Menschen andere segnen. Denn es ist Gott, der segnet, auch wenn Menschen den Segen zusprechen. Und der Segen wirkt, nicht weil wir Menschen ihn zusprechen, sondern weil Gott durch den Segen und im Segen wirken will.

Die Entwicklung des Segensbegriffes in der Bibel

Segen zeigt sich in der Kraft der Fruchtbarkeit

Der Segensbegriff in der Bibel hat sich im Laufe der Zeit deutlich verändert und erweitert. Es ist davon auszugehen, dass Israel den Segen in seiner ganz ursprünglichen Form genau so versteht, wie er auch sonst im Alten Orient verstanden wird: Der Segen (beracha) ist die Kraft der Fruchtbarkeit von Mensch und Tier, aber auch des Feldes. Nachkommenschaft zu haben ist Segen. Viel Vieh zu besitzen und reiche Ernte zu haben, werden als Zeichen angesehen, an denen der Segen abgelesen werden kann. Das ist sowohl in Israel als auch im Alten Orient allgemeine Auffassung.

In der Schöpfungsgeschichte (1. Mose 1,1-24a) wird demgegenüber eine wichtige theologische Aussage formuliert. Der Segen ist nicht etwa eine selbstwirksame Kraft. Der Segen kommt von Gott. Er wird an Gott gebunden. Gott ist es, der Mensch und Tier segnet. Er ist es, der den Segen als Kraft der Fruchtbarkeit schenkt. Er ist es, der die ganze Schöpfung segnet, indem er den 7. Tag heiligt: Und Gott segnete den siebenten Tag und heiligte ihn ... (1. Mose 2,3). Bemerkenswert ist dabei der Aspekt, dass damit auch auf dem Ausruhen und der Ruhe der Segen Gottes liegt.

Der Segen ist eine Gabe Gottes

Indem der Segen als eine Gabe Gottes verstanden wird, wird eine deutliche Abgrenzung vollzogen. Es ist die Abgrenzung gegen die Fruchtbarkeitsgötter der Nachbarvölker und ihre Kulte. Es ist damit auch eine Abgrenzung gegen ein magisches Verständnis des Segens.

Der Segen als stetiges Handeln Gottes

Eindrucksvoll berichtet die Bibel an vielen Stellen von Gottes rettendem Eingreifen wie zum Beispiel beim Auszug aus der Sklaverei in Ägypten (2. Mose 7ff). Der Segen hingegen zeigt uns eine andere Seite des göttlichen Handelns, die nicht so unmittelbar in den Blick fällt. Es ist das Bewahren, das Erhalten und das Schützen. Gottes Segen vollzieht sich dort im Gegensatz zu seinen Rettungstaten still und stetig: Gottes Segen wirkt im Wachsen und Gedeihen. Er wirkt, wenn Gott Gesundheit und Wohlergehen schenkt. Er wirkt im Bewahren und Schützen. Dieser Aspekt des Segenshandelns Gottes zeigt sich zum Beispiel, nachdem die Sintflut vorüber ist. Gott will seine Schöpfung fortan bewahren. Als sichtbares Segenszeichen für die Bewahrung dient Gott der Regenbogen: »Meinen Bogen habe ich in die Wolken gesetzt ...« (1. Mose 9,16-17).

Der Gruß – ein Segenswunsch

Gruß und Segen stehen in einem engen Zusammenhang. Der Gruß hat eine deutliche Wortbeziehung zum Segen. So gehören die beim Gruß verwendeten wichtigen Worte »schalom« und »eirenä« (hebräisch und griechisch: Friede) ganz eng zum Segen. Im Gruß wird ein Friedenswunsch ausgesprochen, der Wohlergehen und Heil umfasst. Das Grußwort wird zum Segenswort.

Die Verknüpfung des Segens mit der Heilsgeschichte

Eine große theologische Leistung zeigt sich in der Abrahamsgeschichte 1. Mose 12,2f, wenn Abraham von Gott die Verheißung bekommt: »Ich will dich segnen ... und in dir sollen gesegnet sein alle Völker.« Hier bekommt der Segen eine geschichtliche Verankerung und damit ein Ziel, auf das Gott mit seinem Segenshandeln bedacht ist.
In den Vätergeschichten 1. Mose 12-50 (Abraham, Isaak, Jakob, Josef) finden wir den Segen Gottes vor allem in den Bereichen der Familie und des Volkes. Der Segen wird in der Familie weitergegeben: Wenn der Vater seinen Tod nahe fühlt, segnet er den Sohn bzw. die Söhne. Bevor der Sohn in die Fremde hinausgeht, wird er gesegnet. Außerdem wird der Segen zunehmend mehr als ein Bund Gottes mit dem Menschen verstanden. Das kann ein einzelner Mensch sein, aber auch die Sippe und das ganze Volk.
Gottes Segen vollzieht sich still und unspektakulär. Ein Beispiel dafür ist die Josefsgeschichte. Hier erweist sich das Tun des Josef unter dem Wirken von Gottes Segen

trotz aller widrigen Umstände als segensreich. Zugleich ist dieses Segenshandeln Gottes bedeutsam für den weiteren Verlauf der Geschichte Gottes mit seinem Volk. In den Worten, mit denen Josef seinen Brüdern verzeiht, dass sie ihn in die Sklaverei verkauft hatten, wird Gottes Segenshandeln so beschrieben: »Ihr gedachtet es böse mit mir zu machen, aber Gott gedachte es gut zu machen.« (1. Mose 50,20)

Segen und Bund

Nachdem Gott sein Volk aus der Sklaverei in Ägypten befreit hat, hat er am Berg Sinai einen Bund mit seinem Volk geschlossen und ihm die 10 Gebote gegeben. In der Verheißung des Gelobten Landes wird der Segen, den Gott dem Volk zuteilwerden lässt, in ein Bild gefasst. Es ist das Land, in welchem Milch und Honig fließen (2. Mose 3,17). Der Segen Gottes gilt dabei dem ganzen Volk.
Wie das 5. Buch Mose zeigt, kann der Segen allerdings auch verwirkt werden. Das geschieht, wenn der Bund durch Nichtbeachten der Gebote Gottes gebrochen wird: Und du sollst nicht anderen Göttern nachfolgen ... dass nicht der Zorn des Herrn, deines Gottes, über dich entbrenne und dich vertilge von der Erde (5. Mose 6,14f). Auch die Verkündigung der Propheten weist eindringlich darauf hin, dass der Segen an das Halten der Gebote geknüpft ist. In ihrer Gerichtspredigt werden sie nicht müde zu betonen: Im Ungehorsam gegen Gottes Gebote wird der Segen verwirkt. Das ist eine bedeutsame Veränderung gegenüber dem bisherigen Verständnis des Segensbegriffs. Diese Veränderung ist als eine Antwort auf die tiefgreifenden Krisen in der Geschichte des Volkes Israel zu verstehen. Eine solche Krise wurde zum Beispiel durch das Babylonische Exil ausgelöst.

Der priesterliche Segen

Obwohl nach wie vor die Segenspraxis in den Familien weiterbesteht, bekommt der Segen durch die Priester eine große Bedeutung. Schon am Berg Sinai erhält Mose nach 2. Mose 25ff den Auftrag zum Bau eines Zeltes für die Bundeslade und die Einsetzung von Priestern. Auch die Einsetzung Aarons und seiner Söhne in das Priesteramt wird veranlasst. Im 3. Buch Mose 9, 23 wird geschildert, wie Mose und Aaron am Ende des Opfergottesdienstes das Volk segnen: »Und Mose und Aaron gingen in die Stiftshütte. Und als sie wieder herauskamen, segneten sie das Volk. Da erschien die Herrlichkeit Gottes allem Volk.« Von da an ist der Segen durch den Priester als Schluss des Gottesdienstes fest verankert.
Eine der bekanntesten Ausformulierungen des Segens ist der sogenannte aaronitische Segen: »Der Herr segne dich und behüte dich. Der Herr lasse sein Angesicht leuchten über dir und sei dir gnädig. Der Herr erhebe sein Angesicht auf dich und gebe dir Friede.« (4. Mose 6, 24-26). Mit der Einsetzung Aarons und seiner Söhne in das Priesteramt wird der Segen eng mit der Priesterschaft verknüpft.

Ort des Segens wird dadurch im Laufe der Zeit zunehmend der Tempel auf dem Zionsberg in Jerusalem. Dort segnen die Priester die Gemeinde und den Einzelnen: »Der Herr wird dich segnen aus Zion, dass du siehst das Glück Jerusalems dein Leben lang und siehst Kinder deiner Kinder!« (Psalm 128,5f)

Die Zerstörung des Tempels und die Folgen für das Segensverständnis

Mit der Zerstörung des Tempels in Jerusalem durch Nebukadnezar II verlor der Segen seinen institutionellen Ort. Eine tiefgreifende Krise des Segensverständnisses blieb nicht aus. Denn der Segen war inzwischen eng mit den Priestern und dem Tempel auf dem Zionsberg verbunden, wie viele Psalmen zeigen.
Dennoch behielt der Segen seine Bedeutung für den Glauben und die Frömmigkeit der einzelnen Menschen. Dabei war es bedeutsam, dass die Segenspraxis in den Familien lebendig blieb: die Segnung der Nachkommen, der Segen bei den Mahlzeiten. Auch der Gruß mit seinen Segensinhalten hat dabei eine wichtige Rolle gespielt.

Das Buch Hiob und die Krise der Segenstheologie

Auch im Buch Hiob wird die tiefgreifende Krise der bisherigen Segenstheologie deutlich. Die Auffassung, dass der Fromme, der gottwohlgefällig lebt, von Gott mit Segen belohnt wird, hält der Erfahrung der Menschen nicht stand: »Siehe, das sind die Gottlosen; die sind glücklich in der Welt und werden reich.« (Psalm 73,12).
Das Buch Hiob zeigt am Schicksal Hiobs, dass der Segen Gottes nicht ablesbar ist am Reichtum und am Wohlergehen. Es zeigt, dass er auch nicht Lohn für ein gottesfürchtiges Leben ist. Hiob, der als rechtschaffen und gut geschildert wird, wird alles genommen: Er wird krank, seine Söhne und Töchter sterben, sein Wohlstand ist dahin. In dieser Situation besteht der Segen darin, dass Gott Hiob nicht allein lässt, sondern ihm zugewandt bleibt.
Das Buch Hiob macht deutlich, dass der Segen Gottes absolut unverfügbar ist. Es weist zugleich über das Alte Testament hinaus.

Die Verheißung der Heilszeit durch die Propheten

Eine weitere Ausformung und Ausweitung erfährt der Segensbegriff durch die Propheten, wenn der Gerichtspredigt die Verheißung einer neuen Heilszeit gegenübertritt. Sie wird mit eindrucksvollen Bildern des Segens beschrieben, wie zum Beispiel in Jesaja 9,5f, wo vom Friedensfürsten gesprochen wird, der Gerechtigkeit und Frieden heraufführt: »Er heißt Wunder-Rat, Gott-Held, Ewig-Vater, Friedefürst, auf dass seine Herrschaft groß werde und des Friedens kein Ende auf dem Thron Davids und in seinem Königreich.«
Es ist für das weitere Verständnis des Segens von Bedeutung, dass in diesem Zusam-

menhang das Wort Schalom genannt wird. Es gehört in den Bereich des Segenshandelns Gottes, und zwar im Sinne von Heil-Sein der Gemeinschaft und wird in der Folgezeit mehr und mehr zu einem Schlüsselwort für die weitere Ausformung des Segensbegriffes in der Bibel.

Jesus und der Segen

Im Neuen Testament scheint der Segen zunächst keine große Rolle zu spielen. War im Alten Testament etwa 400 Mal vom Segen die Rede, so geschieht dies im Neuen Testament nur etwa 40 Mal. In den Evangelien ist zudem ausdrücklich nur an wenigen Stellen davon die Rede, dass Jesus selbst segnet: Jesus segnet die Kinder (Markus 10,13-16); Jesus segnet bei Mahlzeiten das Brot (z. B. Markus 6, 41). Seine Jünger fordert Jesus auf, den Segensgruß »Schalom« auszusprechen, wenn sie in ein Haus kommen: »Wenn ihr in ein Haus kommt, sprecht zuerst: Friede sei diesem Hause!« Lukas 10,5. Die Jünger erhalten zugleich von ihm die Vollmacht zu heilen (Vers 9). Heilen aber ist Teil des Segens.
Dass Jesus selbst segnet, wird wiederum im Bericht von der Himmelfahrt Jesu erzählt. Als Jesus zu seinem Vater in den Himmel zurückkehrt, segnet er seine Jünger: »Er führte sie aber hinaus bis nach Bethanien und hob die Hände auf und segnete sie.« (Lukas 24, 50). Es ist Jesu Abschiedssegen.

Jesus bringt den Menschen Segen

Auch wenn nur an wenigen Stellen davon berichtet wird, dass Jesus selbst segnet, so ist sein Tun durchweg als Segen zu verstehen. Helfen und Heilen, das Austreiben der Dämonen, das Speisen der Hungrigen – dies alles gehört zum Segen. Jesus hat also das Reich Gottes nicht nur verkündigt. Er hat den Menschen Segen gebracht, in dem, was er für sie getan hat. So wird er von den Menschen verstanden und wahrgenommen. Dorothea Greiner formuliert das so: »Christus segnet die Menschen durch das, was er ist, und durch das, was er tut.«
(s. »Segen und Segnen«, S. 289)

Indem die Gemeinde diakonisch tätig wird, führt sie das Segenshandeln Jesu fort. Sie weiß, dass Jesus Christus selbst mit seinem Segen gegenwärtig ist, der in der Mitte des Kreuzes segnend die Hände hebt.

Der Segen bekommt universale Qualität

Entscheidende Bedeutung für das Segensverständnis haben der Tod und die Auferstehung Jesu. Das Christusgeschehen als Rettungstat Gottes wird zum Zentrum der Gottesdienste und der Verkündigung. Es wird zugleich als Segenshandeln Gottes verstanden: »Für euch zuerst hat Gott seinen Knecht Jesus gesandt, euch zu segnen.« (Apostelgeschichte 3, 26). Dadurch erweitert sich der Segensbegriff noch einmal tiefgreifend. Er bekommt eine universale Qualität. Denn die Gemeinde weiß: Der Tod ist nicht die Grenze des Segenshandelns Gottes. Mit Segen ist nun auch die Hoffnung auf endzeitlichen Heilsempfang gemeint. So heißt es in Titus 3,4-7: »Als aber erschien die Freundlichkeit und Menschenliebe Gottes unseres Heilandes, machte er uns selig ... damit wir Erben des ewigen Lebens werden.«
Inhalt des Segens ist nun vor allem die Hoffnung auf das endzeitliche Heil. In diesem Sinne werden die, die im Endgericht bestehen können, auch die Gesegneten des Herrn genannt (Matthäus 25,34). Da das Kreuz Jesu das *eine* aussagekräftige Zeichen für all das ist, was Christus für den Glauben der Gemeinde bedeutet, wird das Kreuz in der Folgezeit zum Segenszeichen schlechthin.

Der Segen kann im Leid verborgen sein

Wenn das Kreuz Jesu als Segenszeichen verstanden wird, dann vollzieht sich damit eine weitere inhaltliche Veränderung. Jesu Tod am Kreuz sieht aus wie ein Sterben in Gottverlassenheit. Die Auferstehung Jesu aber zeigt, dass Gott Jesus aus dem Tod rettet. Gott war also im Leiden und Sterben Jesu verborgen da. Und noch etwas ergibt sich daraus: Das Wissen um die Auferstehung Jesu stärkt die Hoffnung, dass das Segenswirken Gottes auch im menschlichen Leben im Leid verborgen sein kann und nicht an der Grenze des Todes endet.

Der Segen gilt nicht nur für Israel

Die Verheißung, dass der Segen Abrahams allen Völkern gelten soll, wird von Paulus im Brief an die Römer angesprochen und in Römer 15,29 als voller Segen Christi bezeichnet, der ihnen zuteilwerden soll: »Ich weiß aber, wenn ich zu euch komme, dass ich mit dem vollen Segen Christi kommen werde.« Der Segen ist hier - wie fast durchweg im Neuen Testament - die Hoffnung auf Gottes endzeitlichen Frieden. Sie ist begründet in der Auferstehung Christi. Dieser endzeitliche Schalom ist der Anbruch des Friedensreiches, in dem die Verheißungen Gottes ihre endgültige Erfüllung finden.

Der Segen als Hoffnungskraft gegen das Unheil, das uns begegnet

Segen und Segnen erfolgen im Namen und Auftrag Gottes. Sie sind an ihn gebunden. Gott gewährt seinen Segen, wenn der Segen, den wir Menschen aussprechen, den Verheißungen Gottes entspricht. Da es das Ziel des göttlichen Segens ist, dass sich das Leben seiner Geschöpfe in guter Gemeinschaft entfaltet, entstehen aus dem Segen zugleich Verpflichtungen: Die Verpflichtung zur Menschlichkeit im Umgang miteinander ebenso wie die Verpflichtung zum Kampf für Gerechtigkeit. Gleiches gilt in Bezug auf die Bewahrung der Schöpfung und im Eintreten für den Frieden. In diesem Sinne wohnt dem Segen eine kritische Sprengkraft inne. Es gilt, sie wahrzunehmen und umzusetzen. Denn die Erneuerung der Welt ist Gottes Ziel. Der Segen bestärkt die Hoffnung auf dieses Ziel immer wieder neu.

Die Taufe und der Segen

Im Römerbrief (6,3ff) sagt Paulus, dass alle, die auf Christus getauft sind, an seinem Tod und seiner Auferstehung teilhaben und ihnen neues Leben zuteil wird. Es ist folgerichtig, dass die Kirche von Anfang an Neugetauften nach dem Taufakt den Segen zuspricht. Denn den Getauften wird auf diese Weise nicht nur das rettende Handeln Gottes zugeeignet, sondern auch sein segnendes Handeln zugesprochen.

Das Abendmahl und der Segen

Im 1. Korintherbrief 10,16 stellt Paulus ausdrücklich die Beziehung des Abendmahls zum Segen her: »Der gesegnete Kelch, den wir segnen ...« Die christliche Gemeinde hat stets das Abendmahl als mit dem Segen verbunden verstanden. Sie wird sich dabei auch an Jesu eigene Praxis erinnert haben, der bei den Mahlzeiten den Segen und das Gotteslob über den Gaben Gottes gesprochen hat.
Bei den Einsetzungsworten des Abendmahls ist das Segenswort bedauerlicherweise in der Übersetzung nicht mehr zu erkennen, wenn es dort heißt: »Er nahm das Brot, dankte und brach es ...!« Übersetzt man das Wort *»dankte«* in seiner vollen Wortbedeutung als er »lobpries Gott/segnete/benedeite« das Brot, dann wird die Verknüpfung des Abendmahls mit dem Segen unmittelbar deutlich.

Literatur (in Auswahl):

Magdalene Frettlöh, Theologie des Segens; 4. Aufl., Gütersloh 2002
Dorothea Greiner: Segen und Segnen; 2. Aufl., Stuttgart u.a. 1999
Klaus Westermann, Der Segen in der Bibel und im Handeln der Kirche, München 1968

Dem Segen in der Bibel begegnen

Gottesdienste und gottesdienstliche Elemente

Gott segnet seine Schöpfung und den Menschen

Erzählung mit Legematerial, Predigt, Gebetswerkstatt
(1. Mose 1 – 2,25)

VORBEMERKUNGEN

Thema

In der Bibel gibt es zwei Schöpfungserzählungen, die sich in ihrer Aussage ergänzen. Im älteren Text (1. Mose 2,4b-25) wird die Schöpfung Gottes als Paradiesgarten dargestellt, den der Mensch bebauen und bewahren soll. In der jüngeren Schöpfungsgeschichte (1. Mose 1–2,4a) spielt der Segen Gottes eine entscheidende Rolle: Gott segnet seine Schöpfung und die Menschen. Er gibt ihnen den Auftrag: »Seid fruchtbar und mehret euch. Macht euch die Erde untertan.« Neuere Sprachuntersuchungen zeigen, dass das Wort »untertan machen« im Sinne von »urbar machen« verstanden werden kann. Das zeigt, dass der Auftrag Gottes an den Menschen nicht das rücksichtslose Ausbeuten der Schöpfung bedeutet. Es kommt hinzu, dass Gott seinen Segen insbesondere auf den siebten Tag und damit auf seine gesamte Schöpfung legt. Das verpflichtet den Menschen seinerseits zu segensreichem Umgang mit der Schöpfung.

Darbietungsform

Naturmaterialien fühlen, Erzählung mit Legematerialien, Predigt, Gebetswerkstatt

Zielgruppe

Jugendliche, (junge) Erwachsene

Material

- Liturgische Mitte mit schönem Tuch, drei Kerzen, Streichhölzer.

Für den Vorlauf

- vier Kartons mit Deckeln besorgen (z.B. Kartons von Kopierpapier),
- Klebstoff,
- schönes Papier zum Bekleben der Kartons,
- Moosgummi,
- Schere,
- die Kartons mit Vogelsand, Borken, kleinen Steinen, kleinen Ästen befüllen.

Bastelanleitung für die Kartons

Die Kartons jeweils mit einem Loch versehen, sodass eine Hand durchpasst. Moosgummi an das Loch anpassen und von der Mitte ausgehend zum Durchgreifen strahlenförmig einschneiden. Moosgummi von innen vor das Loch kleben. Kartons mit schönem Papier so bekleben, dass sie sich noch öffnen lassen.

Für die Erzählung
- Baumwolltücher: schwarz, dunkelblau, grün, gelb, hellblau, braun, weiß*,
- Kerze*, Streichhölzer*,
- Schale mit Wasser,
- Körbchen mit Blumen und kleinen grünen Zweigen,
- Körbchen mit Teelichtern und Streichhölzern,
- Holzfiguren o.ä. für Vögel und Fische (alternativ: dicke Wollfäden und Federn),
- Holzfiguren für Landtiere, Kegelfiguren für Menschen*,
- goldene Kugel**.

(Bezugsquellen:
* = Verlag Junge Gemeinde, www.junge-gemeinde.de
** = RPA Verlag, www.rpa.de)

Für die Gebetswerkstatt
- Station mit einer Auswahl von Bildern aus Zeitschriften und Zeitungen zur Schönheit bzw. Gefährdung der Umwelt,
- Stifte und Zettel mit Halbsätzen wie z.B.:
  Gott, wir bitten dich ...
  Gott, wir sehen in unserer Welt ...
  Gott, wir danken dir für ...

Für das Schlussgebet
- Teelichter und Streichhölzer

Vorbereitung
- Fühlstation im Eingangsbereich auf Tischen aufbauen: Jeweils ein Fühlkarton mit Vogelsand, Borke, kleinen Steinen, kleinen Ästen.
- Sitzkreis im Gottesdienstraum mit liturgischer Mitte (Platz lassen für die Erzählung mit Legematerialien!).
- Materialien für die Erzählung mit Legematerial bereitlegen.
- Erzählung mit Legen der Materialien ausprobieren! Für jeden Schöpfungstag wird ein Tuch ausgelegt. Es entsteht dabei ein Kreis, der durch das letzte Tuch geschlossen wird.
- Materialien für den abschließenden Gebetsteil suchen und bereitlegen.

ABLAUF DES GOTTESDIENSTES

I. Eingangsteil

(Im Vorraum der Kirche)

Begrüßung

Herzlich willkommen zu unserem Gottesdienst. Er trägt den Titel: Gott segnet die Schöpfung und den Menschen. Mit einer Einstimmung beginnen wir hier im Vorraum. Ich möchte Sie einladen, einen kleinen Teil der Schöpfung Gottes auf ungewohnte Weise, dafür aber ganz bewusst, wahrzunehmen. In vier Fühlkästen sind

Dinge verborgen, die erfühlt werden sollen. Bitte nicht dabei sprechen! Es ist nichts Unangenehmes in den Kästen!

Aktion
Die Teilnehmenden gehen zu den Fühlkästen, in denen Sand, Steine, Borke, kleine Äste liegen.

II. Eingangsliturgie

(Im Kirchenraum: Die Teilnehmer/innen sitzen im Kreis um die liturgische Mitte.)

Lied: Himmel, Erde, Luft und Meer (EG 504; LJ 298, Strophen 1-6)

Eingangswort mit Kerzenritus

Im Namen Gottes, des Vaters, und des Sohnes und des Heiligen Geistes. Amen.

Gott hat die Welt und alle Pflanzen, Tiere und Menschen geschaffen.
Für ihn zünden wir die **erste Kerze** an. *(Kerze anzünden.)*
Jesus Christus hat vielen Menschen Gutes getan. Er hat uns gezeigt, wie wir liebevoll miteinander umgehen können.
Für ihn zünden wir die **zweite Kerze** an. *(Kerze anzünden.)*
Gottes Heiliger Geist gibt uns Kraft und macht uns Mut.
Für ihn zünden wir die **dritte Kerze** an. *(Kerze anzünden.)*

Schöpfungspsalm aus unseren Tagen

(Der Kehrvers wird gemeinsam gesprochen. Er kann auch als Kanon gesungen werden – siehe Noten auf der rechten Seite. Er wird während des Psalmgebetes zunächst mehrfach einstimmig angestimmt. Beim letzten Mal kann er mit der Amen-Zeile als Kanon gesungen werden.)

Im Anfang war das Gotteswort.
Es wirkt bis heute kräftig fort.

> Gott, nichts gab es anfangs außer dir:
> nicht Baum noch Strauch, nicht Mensch, noch Tier.
> Da sprachst du, Gott, ein allmächtiges Wort:
> der Kosmos entstand.

Im Anfang war das Gotteswort …

> Gott, was du sagtest, das geschah:
> Und Land und Wasser sind nun da.
> Das machte, Gott, dein allmächtiges Wort:
> die Ordnung entstand.

Im Anfang war das Gotteswort

Text: Dieter Witt; Kanon: Michael Porr. Rechte bei den Autoren.

Im Anfang war das Gotteswort ...

Gott, was du sagtest, ist zu sehen,
Gestirne, die am Himmel stehen.
Das machte, Gott, dein allmächtiges Wort:
die Zeit entstand.

Im Anfang war das Gotteswort ...

Gott, was du sagtest, erschuf das Leben,
Pflanzen, Tiere, Menschen eben.
Das machte, Gott, dein allmächtiges Wort:
für alle zum Segen.

Im Anfang war das Gotteswort ...

III. Schöpfungserzählung mit Legematerial

Hinführung

Erzähler/in: Wir verdanken Gott unser Leben. Alles, was es gibt, hat er erschaffen. Davon erzählt uns die Bibel.

Schöpfungserzählung

(Falls nicht anders vermerkt, erfolgt das Legen der Tücher und Gegenstände durch den/die Erzähler/in.)

Lied: Gott liebt diese Welt (EG 409; LJ 227; MKL 1, 50 - Strophen 1.2.8)

1. Am Anfang gab es nichts – außer Gott und seiner Schöpferkraft. Ringsum herrschte Finsternis.	*Schwarzes Tuch legen.*
Aber Gott wollte: Es soll Licht geben. Und was Gott wollte, das geschah.	*Kerze auf das Tuch stellen, und anzünden.*
2. Gott wollte: Es soll Wasser geben. Darüber soll sich der Himmel wölben. Und was Gott wollte, das geschah.	*Dunkelblaues Tuch legen; Schale mit Wasser daraufstellen.*
3. Gott wollte: Es soll Land geben.	*Grünes Tuch legen.*
Es sollen Pflanzen wachsen: Gras und Blumen, Sträucher und Bäume. Und was Gott wollte, das geschah.	*Blume legen; Korb mit Blumen und Zweigen herumreichen; jede/r legt etwas.*
4. Gott wollte: Es soll die Sonne, den Mond und die Sterne geben. Und was Gott wollte, das geschah.	*Gelbes Tuch legen. Korb mit Teelichtern und Streichhölzer herumgeben. Jede/r stellt ein Teelicht auf das Tuch und zündet es an.*
5. Gott wollte: Es soll Fische im Wasser geben. Und in der Luft sollen Vögel fliegen. Und was Gott wollte, das geschah.	*Hellblaues Tuch legen. Korb mit Materialien für Fische und Vögel herumreichen. Jede/r legt einen Gegenstand auf das Tuch.*
6. Gott wollte: Es soll Landtiere auf der Erde geben. Und Menschen sollen dort leben. Und was Gott wollte, das geschah.	*Braunes Tuch legen. Korb mit Materialien für Tiere und Menschn herumreichen. Jede/r legt einen Gegenstand für Tiere und Menschen auf das Tuch.*
7. Und Gott gefiel alles, was er geschaffen hatte. Denn es war sehr gut. Da ruhte Gott sich aus. Und er wollte, dass auch die Menschen einen Tag zum Ausruhen haben.	*Weißes Tuch in die Mitte legen. Erzähler/in legt die goldene Kugel auf das Tuch.*

IV. Ansprache zu 1. Mose 1,27f

Gott schuf den Menschen als Mann und Frau ... – So lesen wir es im Schöpfungsbericht. Dann heißt es weiter:
Und Gott segnete sie und sprach: Seid fruchtbar und mehret euch und füllt die Erde und macht sie euch untertan.

»Macht euch die Erde untertan!« Das klingt wie ein Herrschaftsauftrag. Und wir müssen zugeben: Wohl kaum ein anderer Auftrag Gottes ist von uns Menschen so gründlich »erfüllt« worden wie dieser. Ja, wir haben uns die Erde untertan gemacht.

An dieser Stelle will ich Ihnen eine Entdeckung aus meinem Studium erzählen. Im Hebräischkurs haben wir die Schöpfungsgeschichte übersetzt. Als wir an die Stelle kamen, wo es heißt: »Macht euch die Erde untertan!« haben wir das hebräische Wort im Wörterbuch nachgeschlagen. Da waren wir alle erschrocken. Das Wort »untertan machen« hat auch die Bedeutung von »niedertreten« und »niedertrampeln«. Hat Gott uns wirklich beauftragt, seine Schöpfung so rücksichtslos zu behandeln?

Wenn wir uns allerdings umschauen in unserer Welt, dann müssen wir feststellen: Wir sind in den vergangenen Jahrzehnten bis heute in der Tat vielfach so rücksichtslos gewesen. Wir sind mit unserer Umwelt schlecht umgegangen. Wir alle kennen die Folgen: Die Luft ist belastet, die Qualität des Wassers ist z.B. durch Nitrate bedroht. Das Klima ändert sich und die schützende Ozonschicht ist an den Polen der Erde schon zerstört. Sollte Gott das wirklich gewollt und abgesegnet haben?

Nun gibt es aus dem Kreis der neueren Sprachforschung eine erstaunliche Erkenntnis: Das hebräische Verb, das man bisher als »untertan machen« übersetzt hat, hat auch die Bedeutung von »urbar machen« und »in Kulturland verwandeln«. Diese Wortbedeutung passt außerdem gut zu dem anderen Schöpfungsbericht, der im nächsten Kapitel der Bibel zu finden ist. Da bekommt der Mensch die Erde wie einen schönen Garten anvertraut. Der Mensch bekommt den Auftrag, ihn zu bebauen und zu bewahren, mit anderen Worten: Gott vertraut die Erde der Fürsorge des Menschen an. So wie wir unsere Gärten pflegen, so sollen wir auch mit der Erde umgehen. Ich denke in diesem Sinn sind die beiden Schöpfungsberichte zu verstehen.

Wenn wir die Bibel noch an anderer Stelle aufschlagen und etwa in den Psalmen nachlesen, wie dort über Gottes Schöpfung gesprochen wird, dann stellen wir fest: Da wird gestaunt über die Schönheit der Welt. Da wird Gott gelobt. So wie wir uns an einem Garten erfreuen, wenn die Blumen blühen, wenn alles anfängt, zu wachsen und zu blühen, so gehört zu den Schöpfungsberichten in der Bibel die Freude über Gottes Schöpfung: Siehe, es war sehr gut! So klingt es im Schöpfungsbericht auf den ersten Seiten der Bibel. In Psalm 104 heißt es so: »Herr, wie sind deine Werke so groß und so viel. Du hast sie alle weise geordnet« (Vers 24). Das sind Worte, die aus dem Staunen heraus geschrieben worden sind. Ich denke, das ist etwas, das es wiederzuentdecken gilt: das Staunen über Gottes Schöpfung! In den Psalmen staunt der Beter über die Schönheit der Welt und nimmt das, was er sieht, nicht als selbstverständlich hin.

Doch noch einmal zurück zu den Worten, von denen wir in unseren Überlegungen ausgegangen sind! Unser Vers beginnt mit Worten, die wir meist überlesen: »Gott segnete sie«, wird da gesagt. Gemeint sind wir Menschen. Wenn die Bibel vom Segen spricht, meint sie damit Gottes stilles Handeln, das den Menschen auf seinem Weg begleitet und schützt. Gott begleitet uns mit seinem Segen ganz unspektakulär und meist unmerklich.

Wenn wir über diese segnende Fürsorge Gottes für uns zu staunen beginnen, dann hat das allerdings eine ganz konkrete Folge: Diese segnende Fürsorge Gottes wird für uns zu einer Verpflichtung. Es ist die Verpflichtung, mit unserer Welt genauso fürsorglich und schützend – und damit segensreich – umzugehen. Jeder Segen im Gottesdienst will uns daran erinnern. Denn jeder Segen im Gottesdienst ist ein Zeichen von Gottes bewahrendem Handeln. Wenn das aber so ist, dann ist der Segen, den wir empfangen, zugleich eine Beauftragung: Es ist die Beauftragung, mit seiner Welt segensreich umzugehen.
Amen.

Meditative Musik (z.B. Orgel oder Gitarre, evtl. CD)

V. Gebetswerkstatt, Schlussgebet und Segen

Liturg/in: In unserem Kirchenraum gibt es eine Station, an der Bilder aus Zeitschriften ausgelegt sind. Außerdem finden Sie dort Stifte und Zettel mit einem Satzanfang. Ich möchte Sie einladen, dort hinzugehen, sich eines der ausgelegten Bilder zu nehmen und dazu ein Gebet aufzuschreiben. Der Satzanfang soll Sie anregen, den Satz mit Ihren Ideen zum Bild zu vervollständigen. Wer fertig ist, kommt bitte wieder in unseren Kreis.

Aktion

An der genannten Station mit den Bildern werden Gebete formuliert. Wenn alle Gottesdienstbesucher wieder in den Kreis zurückgekommen sind, wird das weitere Vorgehen erklärt.

Liturg/in: Wir wollen unsere Gebetsanliegen im Schlussgebet vor Gott bringen. Wir sehen hier im Kreis Teelichter mit Streichhölzern. Sie haben sich eben Bilder ausgesucht und einen Gebetstext vorbereitet. Wer nun einen Text zu seinem Bild vortragen möchte, nimmt das Bild, legt es vor sich hin und spricht sein Gebet. Anschließend kann dann ein angezündetes Teelicht zum Bild gestellt werden. Nach jedem einzelnen Gebet stimmen wir einen Liedruf an.

Liedruf: Kyrie, eleison (EG 178,12; LJ 122)

Vaterunser

Lied: Komm, Herr, segne uns (EG 170; LJ 116; MKL 1,22)

Segen
Der Herr sei vor dir, um dir den rechten Weg zu zeigen!
Der Herr sei neben dir, um dich in die Arme zu schließen und zu schützen!
Der Herr sei hinter dir, um dich zu bewahren vor allem Bösen!
Der Herr sei unter dir wie fester Boden unter deinen Füßen!
Der Herr sei in dir, um dich zu trösten, wenn du traurig bist!
Der Herr sei über dir, um dich zu segnen.
Amen.

Ich erlebe Gottes Segen bei jedem Sonnenaufgang.

Ich erlebe Gottes Segen am Meer.

Noah und der Regenbogen

Taufe eines Kindes mit Namen Noah im Gemeindegottesdienst
(1. Mose 7 – 9,17)

VORBEMERKUNGEN

Thema
In der Predigt wird die Geschichte von der Bewahrung Noahs bei der großen Flut in Beziehung zur Taufe gesetzt. Gott gibt den Menschen mit dem Regenbogen ein Segenszeichen für Rettung und Bewahrung. Auch das Sakrament der Taufe ist ein Zeichen Gottes, das für Rettung und Bewahrung des Menschen steht. Eine Taufkerze mit dem Zeichen des Regenbogens wird für den Täufling angezündet und als Zeichen für den Segen der Taufe überreicht.

Darbietungsform
Predigt

Zielgruppe
Tauffamilie mit Täufling, Gemeinde im Sonntagsgottesdienst

Material
- Stumpenkerze,
- Wachsstreifen in den Farben des Regenbogens,
- Unterlage,
- Messer.

(Bezug der Kerze mit Wachsplättchen: www.junge-gemeinde.de)

Vorbereitung
Je einen dünnen Wachsstreifen in Regenbogenfarbe halbkreisförmig aus der Wachsplatte ausschneiden. Die Wachsstreifen auf die Stumpenkerze legen. Sie haften durch die Wärme der Hand. Reihenfolge der Farben des Regenbogens: rot, orange, gelb, grün, hellblau, indigo, violett. (Aus Platzgründen evtl. nur 5 Farben wählen!)

Ansprache

Liebe Gemeinde!
Heute wird in unserem Gottesdienst ein Kind getauft, das einen biblischen Namen trägt: Noah. Noah ist schon etwas größer als Täuflinge sonst sind. Vor einigen Tagen sind seine Eltern mit mir zum Taufgespräch zusammengesessen. Noah war mit dabei. Wir haben davon gesprochen, dass Menschen durch die Taufe zu Gott gehören und in die große Familie Gottes aufgenommen werden. Denn das bedeutet es ja, wenn Menschen getauft werden. Sie gehören zu Gott. Sie werden zu Kindern Gottes. Sie gehören dann nicht nur zu der eigenen Familie, sondern auch noch zu der großen Familie Gottes. Und die nennen wir: die Kirche.

Noah, weißt du es noch? Deine Eltern haben mich in unserem Gespräch gefragt: »Wissen Sie schon, was Sie predigen werden?« Da wusste ich es noch nicht. Aber zu Hause habe ich mir überlegt, dass ich etwas zu deinem Namen »Noah« sagen möchte.

In der Bibel habe ich dann die Geschichte von Noah noch einmal nachgelesen.

Noah war ein Mann, der fest an Gott geglaubt hat, auch wenn die anderen anderes dachten. Noah hat angefangen, ein großes Schiff zu bauen. Denn Gott hatte ihn damit beauftragt und gesagt: »Eine große Flut wird kommen«. Die anderen haben Noah verspottet: »Warum baust du ein so großes Schiff, eine Arche?« Noah hat gesagt: »Gott hat mich damit beauftragt. Es kommt eine Sintflut«. »Aber man sieht doch weit und breit kein Wölkchen am Himmel!«, haben die anderen gerufen. »Und wenn schon!«, hat Noah gesagt. »Gott wird eine Flut schicken. Glaubt ihm! Baut euch auch eine Arche, damit ihr gerettet werdet.« Doch die Menschen haben nicht auf Noah gehört. Dann aber hat es angefangen zu regnen. Da ist Noah in die Arche gegangen. Seine ganze Familie hat er mitgenommen. Und auch viele Tiere, ein Pärchen von jeder Art. Dann hat es geregnet: tagelang, wochenlang! Es gab eine große Flut. Alles ist im Wasser untergegangen. Nur Noah ist gerettet worden und alle, die mit ihm in der Arche waren.

Ich erzähle das, weil die Geschichte von Noah uns zeigen will: Noah hat Gott geglaubt. Deshalb wurden er und alle, die mit ihm in der Arche waren, bei der großen Flut gerettet. Die Geschichte von Noah will uns sagen: Wasser kann sehr gefährlich sein. Wasser kann vernichten. Im Wasser gehen wir unter und ertrinken.

Wasser kann aber auch retten. Denn Wasser trägt. Es hat die Arche getragen. Sie ist bei der großen Flut auf dem Wasser geschwommen. Noah und die Seinen wurden gerettet.

Das Wasser der Taufe will uns beides sagen: So wie Wasser gefährlich ist, so müssten wir in unserer Schuld untergehen und im Tod versinken. Denn keiner von uns bleibt in seinem Leben ohne Schuld.

Aber so wie Wasser trägt und Gott Noah gerettet hat, so rettet er die, die getauft sind, aus dem Tod. Sie dürfen immer in seiner Nähe bleiben.

Die Taufe ist Gottes Zeichen, dass er uns bewahren und retten will. Seit der großen Flut gibt es dafür sogar noch ein anderes Zeichen. Es ist der Regenbogen. Wenn es regnet und zugleich die Sonne scheint, dann sieht man ihn am Himmel: So ein Regenbogen hat auch nach der Sintflut am Himmel gestanden. Gott hat ihn Noah gezeigt und gesagt: »Noah, ich will dich segnen, dich und alle deine Nachkommen. Der Regenbogen ist mein Zeichen für dich und alle Menschen. Der Regenbogen ist mein Zeichen für das Versprechen: Es soll keine Sintflut mehr geben. Ich will euch davor bewahren. Ich will immer für euch da sein.« Seitdem ist der Regenbogen für uns Menschen ein Zeichen dafür, dass Gott mit seinem Segen immer für uns da ist.

Noah, jedes Kind, das in unserer Gemeinde getauft wird, bekommt bei der Taufe eine Kerze geschenkt. Sie ist besonders schön verziert. Gleich sollst du solch eine Kerze bekommen. Sie kann an deinem Geburtstag und am Jahrestag der Taufe angezündet werden. Dann soll sie dich an den heutigen Tag deiner Taufe erinnern. Ein Regenbogen ist auf deiner Kerze zu sehen, also das Zeichen für Gottes Segen. Mit seinem Segen will Gott dich dein Leben lang begleiten, ja sogar darüber hinaus.
Amen.

Segen erlebt man ständig. Segen ist Zuspruch von Gottes Liebe und gilt jedem immer und überall.

Abraham, ich will dich segnen

Tauferinnerungsgottesdienst mit Vertrauensspiel und Erzählung auf dem Rücken (1. Mose 12 und 15,5)

VORBEMERKUNGEN

Thema

Abraham hat die Segensverheißung bekommen: »Ich will dich segnen ... und in dir sollen gesegnet sein alle Geschlechter auf Erden.« Aber lange hatte er keine Nachkommen. Eindrucksvoll ist die erneute Verheißung: »Deine Nachkommen sollen so zahlreich sein wie die Sterne am Himmel.« Abraham vertraut Gottes Segensverheißungen und bekommt schließlich Nachkommen.
Für das Segensverständnis hat die Segensverheißung an Abraham eine wichtige inhaltliche Bedeutung. Der Segen, der Abraham verheißen wird, gilt nicht nur für ihn. Er gilt für die Generationen nach ihm, ja er gilt für alle Völker! Damit bekommt der Segen eine Dimension, die das bisherige Segensverständnis immens ausweitet.
Für die christliche Gemeinde ist die Taufe ein bedeutsamer Ankerpunkt des Vertrauens in Gottes Segen. Im vorliegenden Tauferinnerungsgottesdienst wird das Motiv des Vertrauens aus der Geschichte von Abraham aufgenommen. Der Darbietung der biblischen Geschichte wird deshalb ein Vertrauensspiel vorangestellt. Die dabei gemachten Erfahrungen werden im Hinblick auf die Taufe und den Taufsegen interpretiert.

Darbietungsform

Vertrauensspiel, Erzählung auf dem Rücken, Segen in besonderer Form bei der Tauferinnerungshandlung

Zielgruppe

Kinder, Kindergottesdienstkinder und ihre Mitarbeiter/innen, Eltern, Großeltern, Paten der Tauferinnerungskinder

Material

Für den Vorlauf

- Fähnchen mit Krepppapierbändern an einem Stock für das Spalier beim Einzug,
- drei Kerzen mit Streichhölzern für den Kerzenritus.

Für das Vertrauensspiel und die Fußfühlstraße

- Augenbinden* oder Tücher zum Verbinden der Augen,
- Plastikfolie mit Rindenmulch, Kieselsteinen, Sand, Moos als Fußfühlstraße ausgelegt (im Gottesdienstraum oder Außengelände),
- Klangschale und Klöppel*.

** Bezug über: www.junge-gemeinde.de)*

Für die Tauferinnerung
- Taufbecken mit Wasser füllen,
- Osterkerze,
- Taufkerzen in Reserve auf Beistelltisch.

Mitnehmsel für die Kinder
- Karte mit Umriss eines Fußes (s. Vorlage Seite 39)
- Locher und Faden.

Vorbereitung
- Einladung an die Tauferinnerungskinder: Wir haben jeweils vierteljährlich einen Brief an die Kinder (vier bis zwölf Jahre) geschickt, deren Tauftag sich in diesem Quartal jährte. Darin wurde eine Einladung auch an Eltern, Großeltern und Paten ausgesprochen. Zugleich wurde die Bitte geäußert, – sofern vorhanden – die Taufkerze mitzubringen.
- Basteln der Spalierfähnchen: Bambusstäbe mit Bändern aus bunten Krepppapierstreifen.
- Vorbereitung des Gottesdienstraumes: Bank- oder Stuhlkreis mit Taufbecken und Taufkerze als Mitte.
- Beistelltisch zum Abstellen der mitgebrachten Taufkerzen am Taufbecken, Reservekerzen bereitlegen.
- Die Fußfühlstraße und das Geführt-Werden bitte vorher im Mitarbeiterteam ausprobieren! Gegebenenfalls Änderungen vornehmen.
- Die Erzählung vorbereiten und die Durchführung nach örtlichen Gegebenheiten organisieren (Paare bilden oder Kreisform; Ort bestimmen, wo die Erzählung erfolgen kann.
- Mitnehmsel: Karte DIN A6 mit den Worten beschriftet: Gott verspricht: Ich gehe mit dir und will dich segnen! Die Karte vervielfältigen, oben lochen und mit einem Faden versehen, sodass sich die Kinder sie umhängen können.

ABLAUF DES GOTTESDIENSTES

Einzug

Durch ein Spalier der Eltern und Kinder ziehen die Tauferinnerungskinder und ihre Angehörigen zu (Orgel-)Musik in die Kirche ein. Die mitgebrachten Taufkerzen werden auf dem Tisch neben dem Taufbecken abgestellt.

Begrüßung

Einen ganz besonderen Gottesdienst haben wir heute für euch vorbereitet. Es wird um das Vertrauen gehen. Ein wenig Mut wird dazugehören. Aber es ist nicht gefährlich. Lasst euch überraschen, was wir vorhaben! Wir sind sicher: Es wird euch Freude machen!

Lied: So wie ich bin, komme ich zu dir (KKL 133; LH 2, 210)
(Auch in: »Bei dir bin ich zu Hause«, hg. v. Lutz Geiger u. Gottfried Mohr, Verlag Junge Gemeinde, Leinfelden-Echterdingen, 2013, Nr. 38)

Eingangswort mit Kerzenritus

Im Namen Gottes, des Vaters, und des Sohnes und des Heiligen Geistes. Amen.

Gott hat die Welt und alle Pflanzen, Tiere und Menschen geschaffen.
Für ihn zünden wir die **erste Kerze** an. *(Kerze anzünden.)*
Jesus Christus hat vielen Menschen Gutes getan.
Er hat uns gezeigt, wie wir liebevoll miteinander umgehen können.
Für ihn zünden wir die **zweite Kerze** an. *(Kerze anzünden.)*
Gottes Heiliger Geist gibt uns Kraft und macht uns Mut.
Für ihn zünden wir die **dritte Kerze** an. *(Kerze anzünden.)*

Psalm (nach Psalm 25)

(Der Kehrvers wird gemeinsam gesprochen.)

Herr, mein Gott, ich hoffe auf dich!

Gott, ich vertraue dir,
und will mich an deine Regeln halten.

Herr, mein Gott, ich hoffe auf dich!

Gott, ich vertraue dir.
Zeige mir den richtigen Weg!

Herr, mein Gott, ich hoffe auf dich!

Gott, ich vertraue dir.
Hilf mir, wenn ich Kummer habe!

Herr, mein Gott, ich hoffe auf dich!

(In: Dir kann ich alles sagen, Rhein. Verband für Kindergottesdienst, Seite 23)

Vertrauensspiel: Blindenführung

Wir laden euch zu einem Spiel ein. Es ist ein ganz stilles Spiel ohne Sprechen! Und es soll ganz behutsam zugehen. Jeder wählt sich dazu einen Partner oder eine Partnerin seines Vertrauens. Die kleineren Kinder gehen am besten zu einer/m Erwachsenen. Auch die Erwachsenen dürfen sich trauen und sich führen lassen.
Ein Partner bekommt die Augen verbunden. Der andere wird geführt. Keiner darf reden. Wer führt, muss gut führen und aufpassen, dass der Blinde nirgendwo anstößt und sich wehtut. Ihr könnt in den ganzen Kirchenraum und die Nebenräume gehen. Wenn ihr führt, dann vergesst nicht die Fußfühlstraße! Nach 10 Minuten gebe ich mit der Klangschale das Signal zum Wechseln.
Dann wird getauscht: Wer geführt hat, bekommt dann die Augen verbunden. Die Erwachsenen, die ein kleineres Kind als Partner haben, müssen abwägen, ob ein Tausch sinnvoll ist.

- Augenbinden* (bzw. Tücher zum Verbinden) werden ausgeteilt und das Vertrauensspiel wird durchgeführt. (*Erhältlich über: www.junge-gemeinde.de. Best.-Nr. 1420)
- In einer Gesprächsrunde werden die Erfahrungen ausgetauscht.

Lied: Halte zu mir, guter Gott (KG 8; KKH 10; KKL 80; LH1 82; LJ 549; MKL 1, 52)

Zusammenfassung und Hinführung zur Erzählung
Ihr habt jetzt viele unterschiedliche Erfahrungen gemacht. Ihr habt eben davon erzählt. Ich will nur einige Dinge herausgreifen. Wer die Augen verbunden hatte, musste sich ganz dem anvertrauen, der geführt hat. Da musste man schon recht viel Vertrauen aufbringen – zumindest am Anfang. Wenn zu merken war: »Ich werde gut geführt!«, dann ging es besser. Allerdings gab es da auch eine holperige Wegstrecke. Es gab eine steinige Wegstrecke. Manchmal wurde es dunkler. Das merkt man auch mit verbundenen Augen. Dann bekam mancher doch ein wenig Angst.
In unserem Leben machen wir ähnliche Erfahrungen. Auf dem Weg unseres Lebens werden wir von Gott geführt. Auch da gibt es manchmal holprige und steinige Wegstrecken. Da gibt es auch dunkle Zeiten. Aber so, wie du hoffentlich das Gefühl hattest, du kannst dich auf den verlassen, der dich führt, so kannst du dich auch auf Gott verlassen. Du kannst ihm vertrauen, dass er dich gut führt. Er ist bei dir.

Rückengeschichte »Abraham«
(Der/die Erzähler/in macht genügend Pausen, damit die Kinder sich das Gehörte gut vorstellen und den Rücken »bemalen« können.)

Wählt euch einen Partner und dann setzt sich der eine vor den anderen.
Der Vordere bekommt gleich die Geschichte erzählt. Er sollte sich so setzen, dass er eine kleine Weile gut zuhören kann. Wer möchte, darf auch die Augen schließen.
Der Hintere wird die Geschichte mit seinen Händen »erzählen«.
Der Rücken eures Partners ist dabei die Tafel. Sie reicht von den Schultern bis zu der Stelle, wo die Hose oder der Rock beginnt.

Wische die Tafel glatt! Wenn du fertig bist, lege die Hände auf die Schulterblätter.
Male jetzt auf die Tafel, was ich erzähle!

Erzählung

In der Wüste ist eine hohe Sanddüne.
Unten an ihrem Fuß stehen viele Zelte.
Ein Zelt ist besonders groß.

Es ist Nacht.
In den Zelten schlafen die Menschen.
Im großen Zelt schlafen Abraham und seine Frau Sara.

Abraham wacht auf. Er kann nicht mehr schlafen.
Er steht auf und geht vor das Zelt.
Abraham hat Sorgen. Er ist alt und hat noch keine Kinder.
Mit langsamen und schweren Schritten geht Abraham aus dem Zeltdorf.
Er geht zur Sanddüne.

Abraham geht die Düne hoch.
Manchmal muss er eine Pause machen.
Dann geht er weiter, bis er oben auf der Kuppe angekommen ist.
Abraham sieht in den Himmel.
Der Himmel ist voller Sterne. –
Es gibt große Sterne und kleine Sterne.

Auf einmal hört Abraham Gottes Stimme:
»Abraham, siehst du die vielen Sterne?
So viele Menschen sollen von dir abstammen,
wie Sterne am Himmel sind.
Abraham, ich segne dich und alle deine Kinder.
Ich segne dich und alle, die zu dir gehören werden.«

Abraham freut sich.

Er geht die Düne hinunter.
Seine Schritte sind leicht und froh.
Abraham geht zu seinem Zelt.

Seine Frau Sara wartet dort auf ihn.
Abraham nimmt Sara in den Arm.

Legt nun eure Hände ruhig auf die Schulterblätter.
Lasst sie eine Weile dort!

Nehmt sie langsam weg!
Wer die Geschichte erzählt bekommen hat, spürt der Wärme noch ein wenig nach.

Öffne die Augen!
Recke und strecke dich wie eine Katze.

Besprecht euch leise, ob ihr euch wohlgefühlt habt.

Tauscht nun die Plätze.
Die Erzählung wird nach Partnerwechsel wiederholt! (nach Ilona Brand)

Lied: Segne und behüte (EG RT; LJ 416)

Weiterführung und Deutung

Abraham ist alt. Sein Leben lang hat er Gott vertraut. Auf Gottes Wort hin ist er aus seiner Heimat fortgegangen - er und seine Familie. Auch wenn schwierige Zeiten kamen, hat er an seinem Vertrauen festgehalten. So sind die Jahre ins Land gegangen. Abraham und seine Frau sind alt geworden. Gott hatte ihnen Nachkommen versprochen. Abraham hat sich darauf verlassen. Aber sein Vertrauen wird auf eine harte Probe gestellt. Bis zu jener Nacht, in der Abraham abermals Gottes Stimme hört: »Abraham, ich segne dich und alle deine Kinder.
Ich segne dich und alle, die zu dir gehören werden.«
Da wird Abraham froh. Er erzählt Sara, was Gott ihm versprochen hat.
Und beide erleben: Gott hält sein Versprechen. Der Sohn Isaak wird geboren.

Gott hält seine Versprechen! Abraham hat darauf vertraut. Und du kannst auch darauf vertrauen.
Denn in der Taufe hat Gott auch dir ein großes Versprechen gegeben. Er hat dir das Versprechen gegeben: »Ich bin bei dir. Dein Leben lang! Ich will dich segnen.«
Und so wie Abraham ein Zeichen für das Versprechen Gottes bekommen hat, so gibt es auch für dich ein solches Zeichen. Bei Abraham waren es die Sterne am Himmel. Für dich ist es das Taufbecken und das Wasser. Für dich ist es die Segenshand, die über dich gehalten wird als Zeichen dafür, dass Gott bei dir ist und dich segnet.

Lied: Du bist da, wo Menschen leben (KG 147; KKH 28; KKL 37; LJ 498; MKL 1, 42)

Erinnerung an Taufe

- Jedes Tauferinnerungskind wird (einzeln) mit seinen Eltern und Paten an das Taufbecken gebeten.
- Es wird dort daran erinnert, dass es getauft wurde.
- Es bekommt ein Kreuz mit Wasser in die Handfläche gemalt und ein persönliches Segenswort mit Handauflegung zugesprochen.
- Anschließend wird die Taufkerze des Kindes an der Osterkerze entzündet.
  Wer keine Taufkerze hat, bekommt nun eine geschenkt.

Lied: Ich bin getauft auf deinen Namen (EG 200,1.4)

Fürbitten

Gott, wir bitten dich:
Hilf uns, dir immer zu vertrauen!

Wir bitten dich, erhöre uns!

Gott, wir bitten dich:
Gib den Kindern, die ohne Eltern aufwachsen, Menschen, die für sie sorgen.

Wir bitten dich, erhöre uns!

Gott, wir bitten dich:
Zeige uns Wege, wie wir helfen können, wo Menschen in Not sind.

Wir bitten dich, erhöre uns!

Vaterunser

Segen
Gottes Segen komme zu euch und bleibe bei euch.
Gottes Segen stärke euch und gebe euch Kraft.
Gottes Segen gebe euch Mut und Zuversicht.
Amen.

Am Ausgang wird das Mitnehmsel an die Kinder verteilt (s. Vorlage unten).

Fuß auf gewünschte Größe kopieren, an der Kreismarkierung durchstechen und anschließend eine Schnur zum Umhängen durchziehen.

Jakob, die Himmelsleiter und die Sorgensteine

Kontaktstunde mit Rückenerzählung und Sorgensteinen – Schulgottesdienst mit Bildbetrachtung

(1. Mose 27 – 33.35)

I. KONTAKTSTUNDE

VORBEMERKUNGEN

Thema

Der Segen ist ein Leitmotiv in der Jakobsgeschichte: Der Vater segnet den Sohn. Jakob betrügt seinen erstgeborenen Bruder Esau um den Erstgeburtssegen, indem er den blinden Vater täuscht. Dennoch ist der Segen des Vaters gültig. Vor dem Zorn des Bruders muss Jakob fliehen. Der Fortgang der Erzählung zeigt, dass Gott seinen Segen nicht von Jakob abzieht. Im Traum von der Himmelsleiter bekommt Jakob die Segensverheißung, dass durch ihn und seine Nachkommen »alle Geschlechter auf Erden gesegnet werden« (1. Mose 28, 14). Daraufhin nimmt Jakob den Stein, den er beim sorgenvollen Einschlafen unter seinen Kopf gelegt hatte und errichtet damit einen Dankaltar.
Die Jakobsgeschichte zeigt eindrucksvoll, dass Gott trotz der offensichtlichen Schuld des Jakob seinen Segen nicht von ihm abzieht.

Anlass für die vorliegende Ausarbeitung war ein Schulgottesdienst für die örtliche Grundschule. Er wurde mit einer Kontaktstunde im 4. Schuljahr vorbereitet und mit Schüler/innen dieser Klasse gestaltet. Der Stundenentwurf geht von der Überlegung aus, dass Kinder genau so wie Jakob Sorgen und Schuld kennen und sie belastend finden. Der schwere Stein, den Jakob sich beim sorgenvollen Einschlafen unter den Kopf legt, wird als Sorgenstein gedeutet. Sorgensteine der Kinder sind ein wichtiges Gestaltungselement der Schulstunde und des Gottesdienstes.

Darbietungsform

Sorgensteine, Aufschreiben der Sorgen, Rückengeschichte, Gebet mit Teelichtern

Zielgruppe

4. Schuljahr

Material

- Liturgische Mitte mit Tuch und Kerzen,
- Liederbücher,
- Karten DIN A6, Stifte,
- schwere, glatte Steine in einem Korb,
- Teelichter, Streichhölzer.

ABLAUF DER KONTAKTSTUNDE

(Die Kinder sitzen im Stuhlkreis. In der Mitte steht eine angezündete Kerze auf einem schönen Tuch.)

Lied: Du hast uns, Herr, gerufen (EG 168; LJ 112; MKL 1,8 - Strophen 1-3)

Gespräch: Sorgen sind wie schwere Steine

Ich möchte euch bitten: Jede/r sucht sich einen Stein aus dem Korb aus.
Befühlt bitte euren Stein. Spürt die Schwere des Steines.

Wie wäre es, den Stein einen ganzen Tag zu tragen?
(Kinder antworten: lästig, schwer, vieles Schöne wäre nicht möglich ...)

Wir alle tragen solche Steine mit uns. Das sind nicht richtige Steine. Es sind Steine, die auf das Herz drücken. Es können Dinge sein, die uns traurig machen. Oder Dinge, die uns das Leben schwer machen. Ich kann nicht wissen, was das bei dir ist. Aber du weißt es für dich. Denke jetzt in der Stille an das, was dir das Herz schwer macht. Und du kannst das, was dein Leben schwer macht, jetzt auf eine Karte aufschreiben. Die Karten sind alle gleich und du schreibst deinen Namen nicht darauf. Wir brauchen nicht zu wissen, von wem welche Karte ist. Wir wollen unsere Sorgen vor Gott bringen. Gott aber weiß sowieso, von wem die Karte ist.
Wenn du deine Sorgen aufgeschrieben hast, lege den Stein wieder in den Korb. Deine Karte kannst du falten und dann ebenfalls in den Korb legen. Eure Lehrerin und ich werden die Steine bis zum Gottesdienst in der nächsten Woche mit euren Sorgen beschriften.

Aktion: Aufschreiben der Sorgen auf die vorbereiteten Karten

Erzählung als Rückengeschichte

(Die Anleitung für die Kinder wird hier in einer Kurzform dargeboten. Eine ausführliche Anleitung findet sich bei der Geschichte von Abraham S. 26. Sie kann übernommen werden, wenn die Kinder Erzählungen auf dem Rücken noch nicht kennen.)

Nun will ich dir gleich eine Geschichte erzählen. Es ist eine Rückengeschichte. Das bedeutet: Der Rücken des einen ist die Tafel. Der andere malt darauf, was ich erzähle. Nun suche dir einen Partner. Ich erzähle die Geschichte zweimal. Dann ist jeder einmal der Maler.
Wische die Tafel sauber bis in jede Ecke. Lege die Hände oben auf die Schulterblätter deines Partners. Dann weiß ich, du bist fertig.

Da ist ein Weg.
Ein Mann geht darauf.
Er hat große Sorgen. Er geht mit langsamen, schweren Schritten.

Es wird Abend. Der Mond steht am Himmel.
Der Mann ist müde. Er nimmt einen großen, schweren Stein.
Er legt ihn als Kopfkissen auf den Boden.
Der Mann legt sich zum Schlafen auf den Boden.
Er schläft ein.

Er träumt. Im Traum sieht er eine Leiter.
Sie reicht vom Himmel bis zur Erde.

Der Mann sieht einen Engel auf der Leiter.
Dann sieht er sogar ganz viele Engel auf dieser Leiter.
Die Engel steigen auf und nieder.
Er spürt, dass die Engel ihn berühren.
Ganz zart tun sie das.
Er fühlt sich beschützt. Ihm wird ganz warm um das Herz.

Die Nacht ist vorüber. Die Sonne geht auf.
Die Sonnenstrahlen erhellen die ganze Erde.
Der Mann wacht auf. Er erinnert sich an seinen Traum.
Er nimmt den großen Stein und stellt ihn auf.
Der Altar ist fertig.
Er spürt wieder die Engel. Sie berühren ihn zart.
Der Mann spürt: Gott segnet mich.
Mit leichten Schritten geht er weiter.

Nun lege die Hände auf die Schulterblätter deines Partners! –
Nimm sie ganz behutsam fort! Wer die Geschichte erzählt bekommen hat,
spürt noch ein wenig der Wärme nach.

Nun tauscht euch aus, ob es gut war!

Vertiefung

Eben hast du aufgeschrieben, was dir das Herz schwer macht. All das, was dir und den anderen das Herz schwer macht, steht jetzt auf den Karten bei den Steinen im Korb. Wir wollen es nun vor Gott bringen.

Wir machen das so: Ich habe in die Mitte den Korb mit den Karten und den Steinen gestellt. Daneben habe ich Teelichter und Streichhölzer gelegt. Ich gehe jetzt zu dem Korb. Nacheinander kann jeweils ein Kind zu mir kommen. Du nimmst eine Karte und einen Stein aus dem Korb. Die Karte gibst du mir. Ich lese den Text vor und du legst den Stein auf das Tuch in der Mitte. Ich zünde dann ein Teelicht an und bitte Gott um Hilfe.

Aktion: Die Sorgen vor Gott bringen

- Vorlesen der Karten jeweils mit einem einleitenden Satz wie z.B.: Gott, wir bringen unsere Sorgen vor dich / Wir klagen darüber, dass ...
- Beim Anzünden des Teelichtes wird jeweils eine Gebetsbitte gesprochen, z.B.: Wir bitten dich, Gott, hilf uns in unserer Not. / Gott, hilf uns dir zu vertrauen! / Gott, wir bitten dich: Steh uns bei!

Lied: Herr, erbarme dich (EG 178,11; LJ 121)
(Als Liedruf jeweils nach einigen Sorgensteinen singen.)

Vaterunser

Lied: Du verwandelst meine Trauer ...
(KG 198; KKH 12; KKL 48; LH 1, 64; LJ 508; MKL 1, 9)

Segensbitte
Gott, wir bitten dich: Segne und behüte uns. Sei immer bei uns und bleibe bei uns. Amen.

Lied: Du hast uns, Herr, gerufen (EG 168; LJ 112; MKL 1, 8 - Strophen 4-5)

II. SCHULGOTTESDIENST

VORBEMERKUNGEN

Thema
Im Mittelpunkt des Gottesdienstes stehen die Sorgen der Kinder, die auf den Sorgensteinen in Stichworten vermerkt sind. In einer Bildmeditation wird die Geschichte von Jakobs Traum von der Himmelsleiter den Kindern nahe gebracht.

Darbietungsform
Sorgenstein(e), Bildmeditation, Fürbitten mit Sorgensteinen und Teelichtern

Zielgruppe
Schüler/innen der Grundschule und Lehrer/innen

Material
- drei Kerzen für den Kerzenritus auf dem Altar,
- Folienstifte zum Beschriften der Sorgensteine,
- Texte der Sorgensteine in Auswahl zum Vorlesen, schwerer Stein,
- OH- Projektor (Beamer),
- Bild: Sieger Köder: Jakobs Traum
  (In: Die Bilder der Bibel von Sieger Köder,1996 Ostfildern, ISBN 3-7966-791-8; S. 23).
- Mitnehmsel: Karte des Bildes für jede Klasse (Schwabenverlag Best-Nr.: SK 249).

Vorbereitung

- Die Sorgensteine werden mit Folienstiften in Silber- oder Goldfarbe jeweils mit Stichworten von den Sorgenkarten beschriftet und in einen Korb gelegt. Einige Sorgen werden ausgewählt und für die Hand der Kinder ausgedruckt. Sie werden im Gottesdienst vorgelesen.
- Drei Kerzen für den Kerzenritus auf den Altar legen. Streichhölzer und einen schweren Stein bereitlegen.
- Bild »Jakobs Traum« von Sieger Köder als OH-Folie (Sieger Köder »Gott schickt Jakob einen Traum« Folie Nr. 3 aus »Du legst deine Hand auf mich«, Bilder zur Bibel, Hrsg. vom bischöflichen Schulamt der Diözese Rottenburg-Stuttgart, Verlag Kath. Bibelwerk, Stuttgart 1990)
- Eine Kopie des Bildes zum Zuschneiden der Schablonen auf Papier kopieren.
- Schablonen zum Abdecken anfertigen: Die Hände jeweils bis zur Treppe ausschneiden; die Treppe ausschneiden, sodass Jakob auf dem Stein zu sehen ist.
- Sorgensteine in einem Korb an den Altarstufen bereitlegen.
- OH-Projektor, Bild auf Folie mit den Schablonen abgedeckt auf den Projektor legen.
- Teelichter und Streichhölzer für die Gebete.
- Verständigung mit den Kindern, die Texte vortragen.

ABLAUF DES GOTTESDIENSTES

Glockenläuten

Begrüßung

Lied: Du hast uns, Herr, gerufen (EG 168; LJ 112; MKL 1, 8 - Strophen 1-3)

Eingangswort mit Kerzenritus
Im Namen Gottes, des Vaters, und des Sohnes und des Heiligen Geistes. Amen.

Gott hat die Welt und alle Pflanzen, Tiere und Menschen geschaffen.
Für ihn zünden wir die **erste Kerze** an. *(Kerze anzünden.)*
Jesus Christus hat vielen Menschen Gutes getan. Er hat uns gezeigt, wie wir liebevoll miteinander umgehen können.
Für ihn zünden wir die **zweite Kerze** an. *(Kerze anzünden.)*
Gottes Heiliger Geist gibt uns Kraft und macht uns Mut.
Für ihn zünden wir die **dritte Kerze** an. *(Kerze anzünden.)*

Psalm aus unseren Tagen
(Der Kehrvers wird gemeinsam gesprochen.)

Gott, dir vertraue ich!

Du bist für mich da,
wenn ich dich brauche.

Gott, dir vertraue ich!

Du hältst zu mir
und stehst mir bei.

Gott, dir vertraue ich!

Dein Segen tut mir gut
und gibt mir Kraft.

Gott, dir vertraue ich!

Hinführung zur biblischen Geschichte

Liturg/in: (hebt den großen schweren Stein hoch)
Ich habe euch heute etwas mitgebracht: diesen großen, schweren Stein. Gesprächsimpuls: Was meint ihr, wie wäre es, diesen Stein einen ganzen Tag zu tragen?

(Gespräch)

(Der/die Liturg/in legt den schweren Stein auf die Altarstufen.)
Wir alle tragen solch schwere Steine mit uns. Das sind nicht richtige Steine. Es sind Steine, die auf das Herz drücken. Das können Dinge sein, die uns traurig machen. Oder Dinge, die uns das Leben schwer machen. Eine Klasse aus eurer Schule hat das einmal aufgeschrieben.
*(Einige Kinder aus der Klasse, die die »Sorgen« aufgeschrieben haben, nehmen nacheinander einen Stein aus dem Korb. Jedes Kind liest einen Sorgentext vor.
Dann legt es den Stein auf den Altarstufen ab.)*

Gebet

Lieber Gott!
Es gibt vieles in unserem Leben, das wie eine Last auf unseren Herzen liegt.
Wir haben es auf die Steine geschrieben.
Diese Steine haben wir hier vorne auf den Stufen deines Altars abgelegt.
Damit bringen wir alle unsere Sorgen zu dir und legen sie bei dir ab.
Wir vertrauen darauf, dass du sie dir zu Herzen nimmst und uns davon frei machst.
Amen.

Kanon: Wo zwei oder drei (EG RT; KG 182; KKL 168; LJ 470)

Erzählung

Jakob hat sich zum Schlafen hingelegt.
(OH-Projektor anstellen und Bildausschnitt aus »Jakobs Traum« von Sieger Köder aufdecken: Jakob schlafend auf dem Stein.)
Einen schweren Stein hat er unter seinen Kopf gelegt. Er hat Sorgen. Er hat sei-

nen Bruder betrogen. Er hat ein schlechtes Gewissen. Das liegt wie ein schwerer Steinbrocken auf seinem Herzen. Jakob hat einen schweren Stein unter seinen Kopf gelegt. Der Stein ist so groß und schwer wie seine Sorgen. Endlich schläft Jakob ein.

Jakob träumt. Es ist ein merkwürdiger Traum. Er sieht eine Leiter, die bis zum Himmel reicht. *(Die Leiter aufdecken.)*

Jakob merkt: Das ist ein Zeichen Gottes. Der Himmel öffnet sich. Gott gibt mir ein Zeichen trotz meiner Schuld. Er steht mir bei in meinen Sorgen. Jakob fühlt sich erleichtert. Es ist, als ob ein schwerer Stein von seinem Herzen genommen wird.

Kanon: Du verwandelst meine Trauer
(KG 198; KKH 12; KKL 48; LH 1, 64; LJ 508; MKL 1, 9)

Gott macht Jakob Mut. Er spürt: Gottes Hände sind für mich da.
(Aufdecken des linken Bildausschnitts: zwei Hände.)

Jakob merkt: Gott hält zu mir. Mit seinem Segen ist Gott bei mir.
(Aufdecken der Hände auf der anderen Seite der Treppe.)

Jakob weiß jetzt: Gott verlässt mich nicht. Er ist bei mir – auch morgen, wenn ich meinem Bruder gegenüberstehe. Gott hilft mir. Gott hält zu mir. Vielleicht wird auch mein Bruder mir verzeihen. Jedenfalls vertraue ich auf Gott. Alle meine Sorgen lege ich in seine Hände.

Kanon: Du verwandelst meine Trauer
(KG 198; KKH 12; KKL 48; LH 1, 64; LJ 508; MKL 1, 9)

Jakob wacht auf. Der Traum macht ihm Mut. Seine Sorgen sind zwar noch da. Aber er weiß sich von Gott begleitet. Gottes Segen wird mit ihm sein auf dem Weg, den er antreten wird, sobald die Sonne aufgeht. (Frei bearbeitet nach Diakon Moeselaken.)

Kanon: Du verwandelst meine Trauer
(KG 198; KKH 12; KKL 48; LH 1, 64; LJ 508; MKL 1, 9)

Fürbitten zur Jakobsgeschichte

(Nach jeder Bitte nimmt ein Kind einen der Steine, die auf den Altarstufen liegen, und legt ihn auf den Altar. Ein zweites Kind zündet ein Teelicht an und stellt es zu dem Stein.)

1. Sprecher: Lieber Gott! Wir bitten dich für Menschen, die Angst haben!

2. Sprecher: Wir bitten dich für Menschen, die eine Schuld belastet!

3. Sprecher: Wir bitten dich für Menschen, die mutlos und bedrückt sind!

4. Sprecher: Wir bitten dich für Menschen, die traurig sind!

5. Sprecher: Wir bitten dich für Menschen, die verzweifelt sind!

Vaterunser

Lied: Halte zu mir, lieber Gott (KG 8; KKH 10; KKL 80; LH 1, 82; LJ 549; MKL 1, 52)

Segen
Unser Gottesdienst geht jetzt zu Ende.
Aber Gott ist bei uns, auch wenn wir aus der Kirche zurück in die Schule gehen.
Er begleitet uns mit seinem Segen auf allen Wegen.
So segne euch Gott, der Vater, der Sohn und der Heilige Geist.
Amen.

Engel auf der Himmelsleiter
Grafik von Dorothea Layer-Stahl, Winnenden,
aus dem Symbolbildkarten-Set »Himmelsboten«,
Verlag Junge Gemeinde, Leinfelden-Echterdingen 2014

Jakob am Jabbok

Meditation – Spielszene – Segnung

(1. Mose 32,23-32)

VORBEMERKUNGEN

Thema

Die Geschichte vom Kampf des Jakob am Jabbok wirkt recht fremdartig. Man weiß nicht so genau, mit wem Jakob da eigentlich kämpft: Ist es Gott? Ist es ein Engel? Noch schwieriger wird die Antwort, wenn man bedenkt, dass das in Vers 29 mit Gott übersetzte Wort auch »übermenschliche Macht« bedeuten kann. Diese Fremdartigkeit liegt wohl daran, dass eine alte Sage, in der ein Flussgott dem Menschen gefährlich wird, mit dem Glauben an den Gott der Väter verbunden wurde. Die Einbindung in den Zusammenhang der Jakobsgeschichte macht deutlich, dass es der Gott der Väter ist, der Jakob schließlich segnet. Jakob geht aus dem Kampf mit dem Unbekannten am Fluss als ein Gezeichneter, aber auch als ein Gesegneter hervor.

Die vorliegende Ausarbeitung entstand bei einer Schulung von Mitarbeitenden im Kindergottesdienst. Dabei wird die Geschichte als Beispiel für die inneren Kämpfe eines Menschen gedeutet, der Schuld auf sich geladen hat. Jakob ist bedrückt. Sein Gewissen meldet sich vor der Begegnung mit dem betrogenen Bruder in der Nacht zu Wort. Der innere Kampf ist gewaltig. Er dauert die ganze Nacht und ist eine Rückschau auf sein Leben. Vor allem die Ungewissheit darüber, was die Zukunft bringen wird, bedrückt ihn vor der Wiederbegegnung mit seinem betrogenen Bruder.

Vor allem die Elemente des Bedrückt-Seins, des inneren Kampfes und die Segnung werden in dieser Ausarbeitung betont. Daraus ergibt sich die Gliederung in drei Abschnitte: Meditation, Spielszene, Segnung als Vergegenwärtigung des Segens, der Jakob zuteil wurde.

Darbietungsform

Meditation, Spielszene, Segenshandlung

Zielgruppe

Mitarbeitende des Kindergottesdienstes, Jugendliche, Erwachsene

Material

- Gestaltete Mitte: Tuch mit Kerze in einer Schale, Streichhölzer,
- für jeden Teilnehmenden: mittelgroßer Stein in einem Korb, je ein Teelicht im Glasschälchen auf Tablett,
- Legetücher: weiß, schwarz, grün (zweimal), längeres blaues Tuch (oder mehrere gefaltete Tücher),*
- Schnur,
- Korb mit Holzklötzchen,*
- Teelicht mit Streichhölzern.

(*Bezug über: www.junge-gemeinde.de)

Personen der Spielszene
Liturg / in, Jakob, helle Seite des Gewissens, dunkle Seite des Gewissens

Vorbereitung und Aufbau

Für die Meditation
Die Teilnehmenden sitzen im Stuhlkreis um die Spielfläche. Am äußersten Rand der Spielfläche steht auf einem Tuch eine flache Schale mit angezündeter Kerze als gestaltete Mitte.

Für die Spielszene
Die Szenerie wird vor Beginn der Meditation aufgebaut.
Das blaue Tuch teilt als Fluss Jabbok die Spielfläche in zwei Hälften. In der hinteren Hälfte bezeichnen grüne Tücher das Weideland am jenseitigen Ufer des Jabbok.
In der anderen Hälfte werden ein schwarzes und ein weißes Tuch mit etwas Abstand voneinander parallel zum Fluss ausgebreitet und durch eine Schnur deutlich voneinander getrennt. Auf das weiße Tuch wird ein nicht angezündetes Teelicht mit Streichhölzern gestellt.

Die Spieler / innen proben die Spielszene und den weiteren Ablauf.

Für die Segnung der Teilnehmenden
Jakob hält ein angezündetes Teelicht in einer Glasschale in der Hand. Jakob und Liturg/in gehen zu jedem Teilnehmenden. Nach der Bitte aufzustehen, spendet der /die Liturg/in mit erhobenen Händen den Segen für jeden der Teilnehmenden. Wer gesegnet wurde, zündet das eigene Teelicht am Teelicht des Jakob an und nimmt dann wieder Platz.

ABLAUF DES GOTTESDIENSTES

Kanon: Wo zwei oder drei (EG RT; LJ 470)

Liturg/in: Ich habe hier einen Korb mit Steinen. Den gebe ich jetzt in unserem Kreis herum. Jede/r wählt sich bitte einen Stein aus. *(Korb mit Steinen herumreichen.)*

Nun bekommt jede/r noch ein Teelicht in einem Glasschälchen. Das brauchen wir zunächst noch nicht. Stellt es aber schon einmal in eurer Nähe ab.
(Tablett mit Teelichtern in Glasschälchen herumreichen.)

Meditation

Liturg/in: Jede/r von euch hat sich eben einen Stein aus dem Korb ausgewählt. Bitte nehmt ihn jetzt zur Hand. *(Liturg / in nimmt sich ebenfalls einen Stein.)*

Schaut euch euren Stein an! Wie fühlt er sich an?
Spürt das Gewicht des Steines!
Je länger ich ihn halte, desto schwerer liegt er in meiner Hand.

Für mich ist der Stein ein Symbol für das, was Menschen in ihrem Leben als belastend und schwer empfinden. Der Stein ist für mich ein Zeichen für das, was auf deiner und meiner Seele lastet. Er ist ein Zeichen für vieles, was ich auf dem Herzen habe und was mich bedrückt: Was es für den einzelnen auch sein mag: Angst vor Krankheit, Stress am Arbeitsplatz, Sorgen in der Familie, es gibt so vieles, das uns belasten kann.

Wenn ich die Zeitung aufschlage und die Meldungen lese, mache ich mir Sorgen um die Zustände in der Welt und um ihre Zukunft. Es gibt so vieles, was mir auf der Seele liegt. Es ist vieles, wofür dieser Stein Sinnbild sein kann, was immer es bei mir und bei dir auch sein mag.

Ich kann dies alles nicht einfach loswerden. Das geht nicht. Aber es gibt einen Ort, wo ich es einmal ablegen kann. Es gibt einen Ort, wo ich es hinbringen kann. Es gibt einen Ort, von dem ich weiß, dass es dort hingehört. Als Zeichen dafür lege ich meinen Stein nun zu der Kerze auf dem Tuch. Dort lege ich meinen Stein ab. Wer mag, kann es ebenso machen. *(Die Steine werden auf der liturgischen Mitte abgelegt.)*

Spielszene

Die Spieler/innen betreten die Spielfläche und nehmen ihren Platz ein: Jakob steht am vom Fluss entfernten Ende der Schnur. Den Korb mit den Holzklötzchen hält er in der Hand. Mit Blick zur Schnur steht ein/e Mitspieler/in vor dem dunklen Tuch. Ein/e weitere/r Mitspieler/in steht entsprechend vor dem hellen Tuch. Jakobs Blick wandert zum/r jeweils Sprechende/n (s. Skizze S. 54).

Liturg/in: Jakob ist an einem Fluss angekommen. Auf der anderen Seite des Flusses wohnt sein Bruder. Morgen wird er seinem Bruder begegnen. Seit seiner Jugend ist er ihm nicht mehr begegnet. Jakob ist damals vor seinem Bruder davongelaufen. Er hatte Angst, der Bruder würde ihn töten. Auch jetzt noch hat Jakob Angst. Denn damals hat er seinen Bruder um das Erstgeburtsrecht betrogen.

Jakob: Gleich bricht die Nacht an. Vorher will ich die Tiere und all meinen Besitz auf die andere Seite des Flusses bringen.

(Er geht auf die andere Seite des Flusses. Beim Sprechen nimmt er Holzklötzchen aus dem Korb und legt sie nacheinander auf die grünen Tücher.)

Das ist alles, was ich habe: meine Familie, meine Frau, die Söhne und die Töchter, meine Tiere: eine große Herde Schafe und Ziegen, viele Kamele, die Hühner. Dazu noch eine große Schatzkiste mit teurem Schmuck und Geld. *(Jakob geht zurück über den Fluss und stellt sich an das vom Fluss entfernte Ende der Schnur.)*

Dunkle Seite: Du hast alles in Sicherheit gebracht: deine Familie, deine Tiere, dein Geld. Du hast es zu etwas gebracht. Du kannst stolz sein.

Helle Seite: Wie bist du aber zu deinem Besitz gekommen? Du hast betrogen.

Dunkle Seite: Aber die Mutter hat dich unterstützt. Sie hat dir geholfen. Du hast nicht alleine Schuld.

Helle Seite: Du hast deinen Bruder um den Segen des Vaters betrogen. Der stand ihm zu. Er ist der Erstgeborene. Du hast dir den Segen erschlichen. Und damit auch all deinen Besitz.

Dunkle Seite: Es war ein Handel: Linsengericht gegen Erstgeburtsrecht.

Helle Seite: Es war kein fairer Handel. Du hast ihn betrogen. Und das weißt du. Du hast alles aus freiem Willen getan.

Dunkle Seite: Eigentlich kannst du ruhig sein. Du hast alles erreicht, was du wolltest. Du bist reich, du hast viele Söhne und Töchter. Du kannst zufrieden sein.

Helle Seite: Zufrieden!? Hast du schon vergessen, wie viel Angst du vor deinem Bruder hast? Vielleicht will er dich schlagen oder gar töten?

Dunkle Seite: Du bist im ganzen Land hoch angesehen. Du hast dir einen guten Ruf erarbeitet. Das, was früher war, interessiert doch keinen mehr.

Helle Seite: Aber das hilft dir nur tagsüber. Nachts bist du zerrissen und unglücklich. Du spürst in dir, dass du etwas falsch gemacht hast. Das tut dir nicht gut! Und das weißt du auch.

Jakob: Ja! Das weiß ich. Es quält mich jede Nacht. Ob mein Bruder mir verzeihen kann?
Was gäbe ich darum, dass er das morgen früh tut! Ich will ihn darum bitten. Hoffentlich finde ich die richtigen Worte. Gott, hilf mir dabei mit deinem Segen!

(Jakob geht auf die helle Seite. Der /die Spieler/in der dunklen Seite geht ab. Jakob und der/die Spieler/in der hellen Seite stehen sich gegenüber.)

Bitte, segne mich!

(Der/die Spieler/in hält die Hände mit einer Segensgeste stumm einige Sekunden über den Kopf des Jakob. Dann zündet er/sie das Teelicht an, überreicht es Jakob und verlässt die Spielfläche. Der/die Liturg/ in steht auf, stellt sich neben Jakob. Beide verharren einen Augenblick still, um dann mit der Segenshandlung zu beginnen.)

Segenshandlung

Jakob und der/die Liturg/in gehen gemeinsam zu jeder/m Teilnehmenden. Jakob hält die Schale mit dem Teelicht bereit. Nach der Bitte aufzustehen und das bereitgestellte Teelicht zu nehmen, spendet der/die Liturg/in mit erhobenen Händen den Segen für jeden der Teilnehmenden. Die Segensgeste entspricht dabei der Segensgeste, mit der im Spiel Jakob gesegnet wurde. Wer gesegnet wurde, zündet sein Teelicht am Teelicht des Jakob an, stellt es vor sich ab und nimmt dann wieder Platz.

Mögliche Segensworte sind: »Gott segnet dich. Amen.« Oder: »Gott ist bei dir mit seinem Segen. Amen«.

Lied: Gottes Wort ist wie Licht in der Nacht (EG 591; KG 149; LH 1,83)

Dieter Witt und Kindergottesdienst-Team Opladen

Bodenbild zur Spielszene »Jakob am Jabbok«

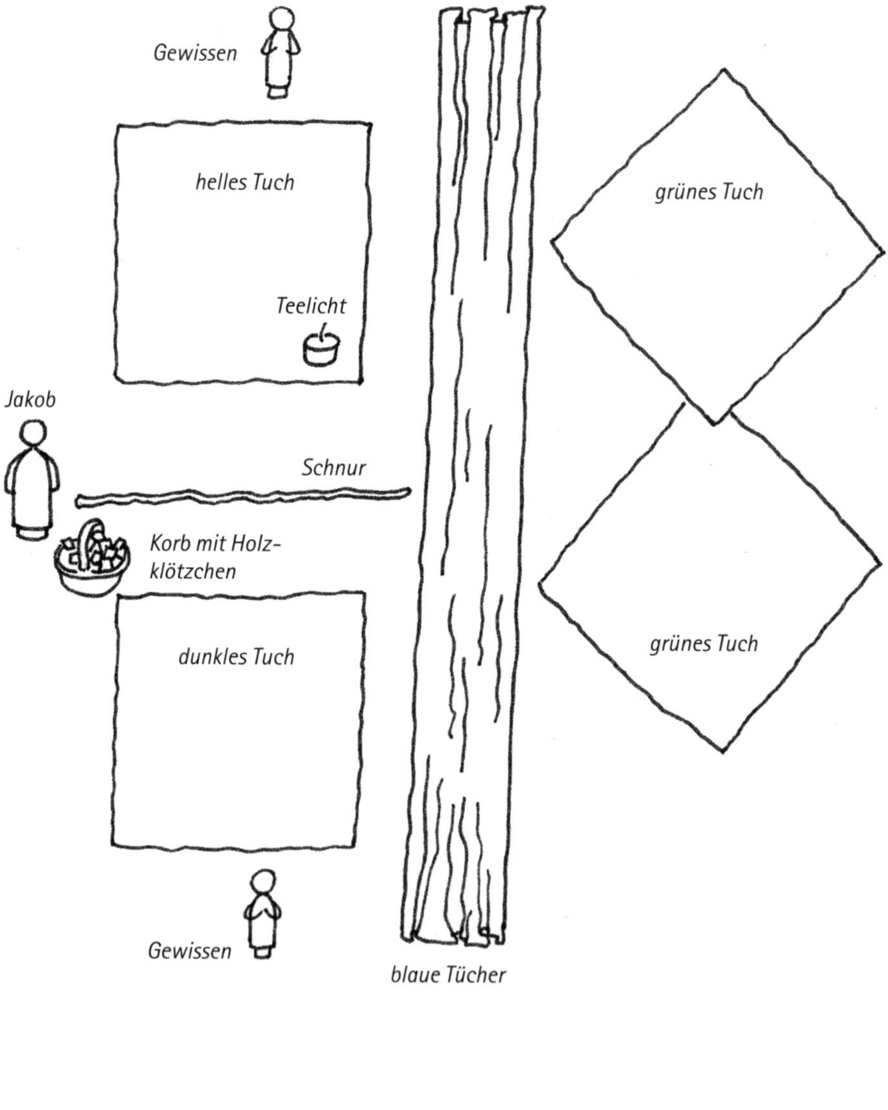

Geh, ich begleite dich

Die Mosegeschichte mit Legematerial in den Sand gesetzt – Segenszuspruch im Kindergottesdienst

(2. Mose 2 – 20; 5. Mose 6 - 7,14a in Auswahl)

VORBEMERKUNGEN

Thema

Der Bundesschluss am Sinai mit den Zehn Geboten, die Mose bekommt (2. Buch Mose), ist ein zentrales Ereignis in der Geschichte des Volkes Israel. Im 5. Buch Mose kommen dieser Bundesschluss und die Zehn Gebote erneut vor. Nun aber werden sie mit dem Segen verknüpft. Von dieser Beobachtung ausgehend hat der Gottesdienst zwei Schwerpunkte: zunächst in der Darbietung der Geschichte von Mose, dann in einem Segensteil mit Segenstanz.

Darbietungsform

Erzählung im Sandsack, Segenstanz

Zielgruppe

(monatlicher) Kindergottesdienst

Material

- Sandsack mit Vogelsand (Bezug: Rheinischer Verband für Kindergottesdienst: www.kindergottesdienst.org) oder Sandkiste: große flache Schublade oder Tablett mit Rand und einer Schicht Vogelsand,
- 12 Figurenkegel (Länge: ca. 5 cm) und eine Figur als Mose, die im Laufe der Erzählung ein graues Stoffstück umgehängt bekommt (Zeichen des Alters)
  (Bezug der Figurenkegel z.B. im Set mit je zehn Figuren bei: Verlag Junge Gemeinde, www.junge-gemeinde.de, verschiedene Größen),
- 20 Spielwürfel ohne Punkte (Bastelbedarf z.B. bei Firma Labbé, www.labbe.de, Best.-Nr.: 1323),
- goldfarbener Gardinenring (für König) oder Biegepuppe König* oder größerer Figurenkegel* (Länge 7 oder 10 cm),
- Pyramide aus Tonpapier gebastelt,
- Palme aus Tonpapier oder aus Holz*,
- ½ Nussschale,
- goldener Stern,
- Moos oder einige grüne Blätter,
- vier Schafe (Bauernhoftiere, als Biegepuppen* oder aus Wollknäuel basteln),
- kleiner Brombeerzweig mit Goldfäden/Zauberwolle,
- zwei blaue Tücher*/Bänder oder Tonpapierstreifen,
- Stoffkreis (ca. 12 cm Durchmesser, dunkelrot oder dunkelviolett),
- zehn kleine helle Halbedelsteine* oder Marmorkieselsteine.
- Mitnehmsel: Segensband* (*Bezug über: www.junge-gemeinde.de)

Vorbereitung

- Mitnehmsel bestellen.
- Darbietung der Erzählung ausprobieren und Materialien bereitlegen.
- Für den Kerzenritus: Liturgische Mitte mit Tuch, drei Kerzen und Streichhölzern gestalten.
- Für die Erzählung im Sandsack: Platz im Gottesdienstraum aussuchen und vorbereiten, an dem alle Kinder die Erzählung im Sandsack gut verfolgen können.
- Lied und Bewegungen des Segenstanzes einüben.

ABLAUF DES GOTTESDIENSTES

(Die Teilnehmer/innen sitzen im Kreis um die liturgische Mitte.)

Eingangswort mit Kerzenritus

Im Namen Gottes, des Vaters, und des Sohnes und des Heiligen Geistes. Amen.

Gott hat die Welt und alle Pflanzen, Tiere und Menschen geschaffen.
Für ihn zünden wir die **erste Kerze** an. *(Kerze anzünden.)*
Jesus Christus hat vielen Menschen Gutes getan. Er hat uns gezeigt, wie wir liebevoll miteinander umgehen können.
Für ihn zünden wir die **zweite Kerze** an. *(Kerze anzünden.)*
Gottes Heiliger Geist gibt uns Kraft und macht uns Mut.
Für ihn zünden wir die **dritte Kerze** an. *(Kerze anzünden.)*

Psalm (nach Psalm 73)
(Der Kehrvers wird gemeinsam gesprochen.)

Gott, an dir halte ich fest mein Leben lang.

Du zeigst mir den rechten Weg,
damit ich am Ende gut ankomme.
Ich gehöre zu dir und du zu mir.

Gott, an dir halte ich fest mein Leben lang.

Wenn es mir einmal schlecht geht,
wenn ich sogar alles verliere,
dann bist du, Gott, dennoch bei mir.

Gott, an dir halte ich fest mein Leben lang.

Du tröstest mich.
Du bist meine Freude.
Alle sollen es hören:

Gott, an dir halte ich fest mein Leben lang.

Amen

(Aus: Rheinischer Verband für Kindergottesdienst, Dir kann ich alles sagen, Gott. Psalmenübertragungen nicht nur für Kinder, S. 65, gekürzt.)

Mein Gott, du kennst mich

2. Mein Gott, du kennst mich. Du weißt, was ich rede.
Wo ich auch bin, du bist bei mir.

3. Mein Gott, du kennst mich. Du weißt, wo ich stehe.
Wo ich auch bin, du bist bei mir.

4. Mein Gott, du kennst mich. Du weißt, wo ich gehe.
Wo ich auch bin, du bist bei mir.

5. Mein Gott, du kennst mich. Du weißt, wo ich schlafe.
Wo ich auch bin, du bist bei mir.

Text und Musik: Gertrud Lorenz,

Hinführung

Ob du das kennst? Du bist traurig – sehr traurig sogar. Du hast eine große Chance vertan. Es war deine Schuld. Du bist traurig. Du bist untröstlich. Du gehst in dein Zimmer. Du legst dich auf dein Bett, den Kopf zur Wand gedreht. Am liebsten möchtest du nichts mehr hören oder sehen. Nichts kann dich trösten. Das meinst du jedenfalls.

Lange schon hast du so auf deinem Bett gelegen. Da fällt dir ein Satz ein, den du gehört hast. Vielleicht hat ihn dir deine Mutter oder dein Vater gesagt, als dir so etwas schon einmal passiert ist und du genau so traurig warst. Vielleicht war das ja auch ein Satz, den dir eine Freundin oder ein Freund gesagt hat: »Ich bin doch bei dir!« Jetzt arbeitet der Satz in dir. Er hilft dir. Da gibt es jemanden, der zu dir hält! Das Gefühl, dass da jemand ist, der zu dir hält, gibt dir neue Sicherheit. Wenn dieses Gefühl stark genug ist, dann hilft es dir, deine Schwierigkeiten zu überwinden. Dann hilft es dir, schwierige Situationen zu meistern.

In der Bibel wird uns von einem Mann erzählt, der in einer ähnlichen Situation ist. Er hat eine große Chance vertan. Er hat Schuld auf sich geladen. Er hat keine

Hoffnung mehr, seine Schwierigkeiten zu meistern. Aber da spricht Gott zu ihm und sagt: »Ich will bei dir sein!« Gott gibt ihm einen Auftrag. Gegen diesen Auftrag wehrt er sich zuerst mit allen Kräften. Ihn auszuführen, erscheint ihm unmöglich. Doch dann stellt er sich seiner Aufgabe. Und schließlich bekommt ein ganzes Volk dieses Versprechen Gottes. Es ist das Versprechen: »Ich liebe euch und bin bei euch mit meinem Segen!« Diese Geschichte möchte ich euch jetzt erzählen!

Erzählung	**Stellung der Figuren** *(Erklärungen jeweils aus der Blickrichtung der Erzählenden. Zur Beschreibung siehe Zeichnung rechts.)*
	Sandfläche leer,
Das ist das Land Ägypten.	*Links vor dem/der Erzähler/in: eine Pyramide und eine Palme einsetzen. Grenze im Sand ziehen, die ca. 1/4 der Fläche umgrenzt.*
In Ägypten leben viele Menschen. Sie gehören zum Volk der Ägypter.	*Fünf Figurenkegel wahllos aufstellen! Zwei dieser Figurenkegel neben die Pyramide stellen.*
Dort leben aber auch Hebräer.	*Drei weitere Figurenkegel an den Rand des Landes Ägypten stellen.*
Die Hebräer sind Sklaven.	
Sie müssen alles tun, was der Pharao, der König von Ägypten, von ihnen verlangt.	*Um eine Figur der Ägypter einen Goldring legen.*
Aus Lehm müssen sie Ziegelsteine herstellen.	*Kleine Holzwürfel als Steinmauer aufschichten.*
Das ist eine sehr schwere Arbeit. Dennoch werden die Hebräer immer mehr.	*Zwei weitere Figurenkegel auf die Seite der Hebräer stellen.*
Der Pharao hat Angst, dass die Hebräer ihm eines Tages seinen Thron wegnehmen. So gibt er den Befehl, alle Jungen der Hebräer zu töten.	
Da wird ein Kind geboren. Es ist ein Junge. Wenn die Soldaten kommen, ist der Junge verloren.	*Die halbe Nussschale mit der Öffnung nach oben auf die Seite der Hebräer legen.*

Am Gottesberg
Halb-
edelsteine/
schöne
Steine
Blaue Bänder = Meer
Hebräer
Ägypten
Ägypter
Mose in der Wüste

Die Mutter will ihn retten. Sie legt ihn in ein Körbchen und legt das Körbchen an eine Stelle, wo die Tochter des Pharaos jeden Tag vorbei kommt.	*Nussschale auf die Seite der Ägypter legen.*
Die Tochter des Pharaos hat Erbarmen. Sie nimmt das Kind als ihren Sohn an und gibt ihm den Namen Mose. Mose wächst als Prinz auf.	*Goldenen Stern hinlegen und Nussschale darauf setzen.*
Mose wächst heran.	*Nussschale durch einen Figurenkegel ersetzen! – Stern bleibt noch liegen.*
Er ist jetzt ein junger Mann. Er ist ein zorniger junger Mann. Er ist zornig auf die Ägypter, weil sein Volk so schwer für die Ägypter arbeiten muss.	
In seinem Zorn tötet er einen Ägypter.	*Mit der Figur des Mose eine Ägypterfigur langsam in den Sand drücken, sodass es knirscht.*
Mose muss fliehen.	*Mosefigur nach rechts bis zur Grenze führen! Stern heraus nehmen.*
Er flieht in ein anderes Land.	*Rechts vor dem/der Erzähler/in: Moos (grüne Blätter) legen.*
	Mosefigur ans Ende der Moosfläche setzen.
Dort hütet er die Schafe eines anderen Mannes. Mose ist hier in Sicherheit.	*Drei Schafe auf das Moos setzen.*
Mose wird sehr alt.	*Um die Mosefigur ein graues Stück Stoff legen.*
Eines Tages sieht er einen brennenden Dornbusch. Der Dornbusch brennt, aber er verbrennt nicht.	*Dornigen Strauch (z.B. Brombeere) mit Goldfäden in die Mitte der Moosfläche setzen.*
Aus dem Dornbusch spricht Gott zu Mose.	*Mosefigur neben den Strauch setzen.*
»Rette mein Volk aus der Sklaverei und führe es aus Ägypten!«	

Mose will nicht gehen: »Ich kann nicht gehen, ich bin schon zu alt.«	
»Geh, ich begleite dich.«	*Segensgeste über Mose.* *Beide Hände mit dem Handrücken nach oben über Mose halten.*
»Ich kann nicht gehen, die Hebräer werden nicht auf mich hören.« *»Geh, ich begleite dich.«*	*Segensgeste über Mose.*
»Ich kann nicht gehen, ich habe einen Mann erschlagen.« *»Geh, ich begleite dich.«*	*Segensgeste über Mose.*
»Ich kann nicht gut reden.« *»Ich habe dir einen Mund gegeben. Ich bin bei dir. Geh!«*	*Segensgeste über Mose.*
Mose kehrt nach Ägypten zurück. Er geht zum Pharao.	*Mosefigur zurück nach Ägypten.* *Pharaofigur hinstellen,*
»Lass das Volk Gottes ziehen!«	*Mose dazustellen.*
Der Pharao will nicht. Gott schickt eine Strafe.	*Mosefigur auf die Seite der Hebräer stellen.*
Immer wieder muss Mose zum Pharao und jedes Mal sagt der Pharao »Nein«. Jedes Mal schickt Gott eine andere Plage.	*Mosefigur zum Pharao stellen.* *Mosefigur zu den Hebräern stellen.*
Vor der letzten Plage bereitet sich das Volk Gottes vor. Sie packen ihre Sachen zusammen.	*Hebräer in einen Kreis setzen.*
Sie schlachten ein Lamm, braten es und essen sich noch einmal gut satt.	*Schaf in die Mitte legen.*
Nachdem Gott die 10. Plage geschickt hat, lässt der Pharao das Volk Gottes ziehen.	*Links vor dem/der Erzähler/in in Richtung der freien Sandfläche.*
Mose geht voran und das Volk zieht hinterher.	*Mosefigur in Richtung Grenze setzen, die Hebräer dahinter.*
Sie kommen an ein Meer. Es ist das Schilfmeer. Da können sie nicht weiter.	*Zwei blaue Tücher mit den Stoßkanten gegeneinander legen.*
Der Pharao ändert seinen Sinn.	*Drei Figuren am Pharao vorbei auf die Hebräer zu führen.*

Er schickt seine Streitkräfte hinter den Hebräern her. Sie sollen die Sklaven zurückholen. Das Volk Gottes ist in großer Not.	*Deutliche »Marschgeräusche« im Sand erzeugen.*
Da geschieht ein Wunder. Das Wasser weicht zurück.	*Blaue Bänder an den Stoßkanten auseinanderdrücken.*
Das Volk Gottes geht trockenen Fußes auf die andere Seite.	Hebräerfiguren auf die andere Seite setzen.
Die Ägypter jagen hinterher.	*Ägypterfiguren zügig in die Mitte zwischen die blauen Bänder setzen.*
Das Wasser kehrt zurück.	*Mit den blauen Bändern die Ägypterfiguren bedecken.*
Das Volk Gottes ist gerettet.	
	Rechts vor dem/der Erzähler/in in der freien Sandfläche:
Sie ziehen weiter, bis sie an einen hohen Berg kommen. Es ist der Gottesberg.	*Sand zu einem flachen Hügel zusammenschieben. Runden, dunklen Stoffkreis auflegen. Figuren zum Kreis neben den Berg stellen.*
Mose steigt auf den Berg. Gott sagt zu Mose:	*Mosefigur mittig auf den Stoffkreis setzen.*
»Ich bin euer Gott und begleite euch von Anbeginn der Zeit bis heute.«	*Einen Halbedelstein/weißen Stein auf den Kreisrand legen.*
»Ich gebe euch zehn Regeln, damit ihr gut und in Frieden miteinander leben könnt.	*Neun weitere schöne Steine auf den Kreisrand setzen.*
Beachtet meine Gebote!«	*Geste des Segens vom Berg zum Volk führen.*
»Ihr seid Gesegnete auf eurem weiteren Weg durch das Leben.«	*Segensgeste über dem Volk.*

Lied: Immer und überall (alias: Vom Anfang bis zum Ende …)
(in: Das Kirche mit Kindern Liederbuch, Rhein. Verband für Kindergottesdienst, S. 88)

Weiterführung und Deutung

Es ist schon erstaunlich! Gott gibt den Auftrag, das Volk Israel aus Ägypten zu führen, ausgerechnet einem Mann, der große Schuld auf sich geladen hat. Gott ruft ihm aus dem brennenden Dornbusch zu: »Mose, ich brauche dich! Du sollst mein Volk aus der Sklaverei in Ägypten herausführen.« Alles Widerstreben nützt Mose nichts. Stattdessen verspricht Gott ihm: »Ich will bei dir sein, Mose!«

Das, was Gott Mose verspricht, hat er auch dir schon vor langer Zeit zugesagt. Er hat es dir bei deiner Taufe versprochen. Da hat er gesagt: »Ich bin bei dir. Ich bin bei dir jeden Tag – solange du lebst.« Das bedeutet: Gott hält zu dir, auch wenn du Fehler machst. Er hält zu dir. Er bricht sein Versprechen selbst dann nicht, wenn du seine Gebote missachtest. Er vergibt dir, wenn du schuldig wirst. Er hofft darauf, dass du versuchst, immer besser nach seinem Willen zu handeln. Das gilt nicht nur für dich, sondern für alle Menschen, die getauft sind. Ihnen allen sagt Gott: »Ich liebe euch. Ich bin bei euch mit meinem Segen.«

Kanon: Du verwandelst meine Trauer in Freude
(KG 198; LH 1, 64; LJ 508; KKH 12; KKL 48)

Gebet

Gott, wir bitten dich:
Hilf uns dir zu vertrauen, was auch kommen mag.
Mache uns bereit, nach deinem Willen zu leben.
Gib uns Augen, die sehen, wo jemand Hilfe braucht.
Gib uns Ohren, die hören, wenn jemand Kummer hat.
Amen.

Vaterunser

Segenstanz zum Lied: Der Herr segne dich

Aufstellung

Jeweils zwei Kinder stellen sich hintereinander auf. Die hintere Person segnet, die vordere wird gesegnet. Es ist günstig, wenn die Paare etwa die gleiche Größe haben.

Der Herr segne dich	*Rechte Hand auf die rechte Schulter der vorderen Person legen.*
und behüte dich.	*Linke Hand auf die linke Schulter der der vorderen Person legen.*
Er lasse sein Angesicht	*Beide Hände langsam hinter und über den Kopf heben.*

Der Herr segne dich

Segenstanz: Monika Kreutz; Musik: © Martin Schultheiß

leuchten über dir und sei dir gnädig.

»Leuchtenden Schein« hinter dem Kopf beschreiben (kleine Kreisbewegung mit den Händen).

Der Herr erhebe sein Angesicht auf dich

Mit der rechten Hand schöpfen, mit der linken Hand schöpfen.

und schenke dir seinen Frieden.

Beide Hände mit dem »geschöpften« Segen heben und den Segen über die ganze Person »ausgießen«.

Die Paare tauschen die Plätze, sodass nun das andere Kind gesegnet wird. Dabei wird das Lied ein weiteres Mal gesungen.

Als Mitnehmsel bekommt jedes Kind ein Segensband (Bezug s. Vorbemerkungen)

Der junge David – Segensbitten am Jahresanfang

Erzählung mit Rückengeschichte und Salbung

(1.Samuel 16)

VORBEMERKUNGEN

Thema
Die Salbung Davids zum König ist die Segnung eines einzelnen Menschen, der von Gott zu einem herausgehobenen Amt auserwählt wurde. Ihm wird zugesagt, dass Gott mit ihm sein wird.
Die Salbung ist auch für uns heute noch ein Zeichen für die Begleitung durch Gott. Das Gesalbt-Werden ist dabei eine Form der Einzelsegnung, die in besonderer Weise berührt.

Darbietungsform
Segensbitten als Strahlen für die Monate des Jahres legen, dabei die Kerzen anzünden, Rückengeschichte, Salbung.

Zielgruppe
Kindergottesdienst, Kindergarten (um einer Überforderung der Kinder vorzubeugen, nur eine Kerze und eine Bitte für das ganze Jahr)

Material
- Liturgische Mitte mit Tuch, drei Kerzen, Streichhölzer,
- Gebetsbitten auf Tonpapierstreifen,
- Zwölf Teelichter in Glasschälchen oder Kerzen,
- Salbgefäß mit Salböl. (Bezug über: www.junge-gemeinde.de, Best.-Nr.: 479; 527)
  Wer das Salböl selbst herstellen will, mischt gutes Olivenöl z.B. mit einigen Tropfen Bergamotte oder ein wenig Rosenöl.

Vorbereitung
Zwölf Segensbitten auf Tonpapierstreifen aufschreiben (Text siehe unten!)
Die Segensbitten werden jeweils von einem Kind vorgelesen. Ein weiteres Kind, das das erste Kind sich auswählt, stellt ein Teelicht dazu und zündet es an. Vorher mit Kindern, die lesen können, verabreden, wie das vor sich gehen soll.

ABLAUF DES GOTTESDIENSTES

(Die Teilnehmer/innen sitzen im Kreis um die liturgische Mitte.)

Begrüßung

Lied: Wieder kommen wir zusammen (KG 183; LJ 424)

Eingangswort mit Kerzenritus

Im Namen Gottes, des Vaters, und des Sohnes und des Heiligen Geistes. Amen.

Gott hat die Welt und alle Pflanzen, Tiere und Menschen geschaffen.
Für ihn zünden wir die **erste Kerze** an. *(Kerze anzünden.)*
Jesus Christus hat vielen Menschen Gutes getan. Er hat uns gezeigt, wie wir liebevoll miteinander umgehen können.
Für ihn zünden wir die **zweite Kerze** an. *(Kerze anzünden.)*
Gottes Heiliger Geist gibt uns Kraft und macht uns Mut.
Für ihn zünden wir die **dritte Kerze** an. *(Kerze anzünden.)*

Psalm aus unseren Tagen

(Der Kehrvers wird gemeinsam gesprochen.)

Gott, du bist gut, wir loben dich!

Von Gott, meinem Herrn, will ich erzählen.
Mein Leben ist ihm kostbar.
Er steht mir bei. Er hilft mir.

Gott, du bist gut, wir loben dich!

Von Gott, meinem Herrn, weiß ich:
Er ist mir nah, wo ich auch bin.
Er hält zu mir.
Er kümmert sich um mich.

Gott, du bist gut, wir loben dich!

Von Gott, meinem Herrn, kann ich sagen:
Er lässt mich nicht allein.
Er stellt mir Menschen zur Seite, die mich verstehen.
Er lässt mich Freunde finden.

Gott, du bist gut, wir loben dich!

Gebetsbitten für die Monate des Jahres

Liturg/in: Das neue Jahr hat begonnen. Was es bringt, wissen wir nicht. Aber wir können Gott um seine Hilfe und seinen Segen für das Neue Jahr bitten.

Gebetsbitten mit Kerzen für jeden Monat

Nach jeweils drei Bitten wird der Kanon angestimmt: Laudate omnes gentes (EG 181.6; LJ 126).

Januar:
Gott, sei mit deinem Segen bei uns. Lass Frieden sein in unseren Häusern.
Hilf, dass Friede sei auf der ganzen Welt.

Februar:
Gott, sei mit deinem Segen bei allen Menschen, die krank sind.
Hilf, dass sie wieder gesund werden.

März:
Gott, sei mit deinem Segen bei allen, die kranke Menschen pflegen.
Hilf, dass sie genügend Kraft und Geduld haben.

April:
Gott, sei mit deinem Segen bei allen Menschen, die einsam sind.
Lass uns aufmerksam sein, wie wir ihnen eine Freude bereiten können.

Mai:
Gott, sei mit deinem Segen bei den Kindern. Hilf, dass sie sich in Acht nehmen vor Gefahren.
Schütze und bewahre sie vor Unfällen.

Juni:
Gott, sei mit deinem Segen bei allen Eltern. Hilf ihnen, ihre Kinder einfühlsam zu erziehen.
Hilf ihnen verständnisvolle Eltern zu sein.

Juli:
Gott, sei mit deinem Segen bei uns, wenn wir in Urlaub fahren.
Hilf uns, froh und gesund wieder nach Hause zu kommen.

August:
Gott, sei mit deinem Segen bei den Menschen, die ein schweres Schicksal haben.
Lass sie wieder froh werden.

September:
Gott, sei mit deinem Segen bei den Lehrern. Hilf ihnen guten Unterricht zu machen.
Lass sie Verständnis für ihre Schülerinnen und Schüler haben.

Oktober:
Gott, sei mit deinem Segen bei allen, die die Ernte einbringen.
Hilf ihnen daran zu denken, dass du alles hast wachsen und reifen lassen.

November:
Gott, wir bitten um deinen Segen für alle Menschen, die sterben. Sei du bei ihnen und tröste alle, die um sie trauern.

Dezember:
Gott, wir bitten um deinen Segen. Steh uns bei, wenn wir traurig sind. Wenn wir Schönes erleben, dann lass uns dankbar sein. Sei mit deinem Segen bei uns auf all unseren Wegen. Amen.

Lied: Heut ist ein Tag, an dem ich singen kann (KG 1; LJ 555)

Erzählung

Liturg/in:
Von einem Hirtenjungen will ich euch erzählen. Er heißt David. Er ist noch jung und viel kleiner als seine Brüder. Aber der Vater vertraut ihm. Er kann sich auf David verlassen. Und so darf David die Schafe hüten – ganz alleine. Er geht gut mit den Tieren um. Er beschützt sie. Er ist geschickt mit seiner Steinschleuder. Damit vertreibt er jedes wilde Tier. David hat seine Schafe gern. Er will, dass ihnen nichts passiert. Er sorgt gut für seine Schafe.

Ein paar Tage sind vergangen. David ist bei seinen Schafen. Da kommt sein Bruder ganz aufgeregt angerannt. Außer Atem ruft er: »David, du sollst nach Hause kommen. Ich bleibe bei den Schafen. Heute kam Besuch zu uns nach Hause. Der Mann Gottes, der Prophet Samuel, ist gekommen.
Er hat mich zu dir geschickt. Du sollst zu ihm kommen. Stell dir vor, Samuel hat ein Gefäß mit Salböl bei sich. Er sagt: Wen er mit seinem Salböl salbt, den hat Gott ganz besonders lieb, – der ist zu etwas ganz Besonderem bestimmt, – der soll eines Tages König werden.«
Da eilt David nach Hause. Samuel sieht ihn kommen. Und er ist sich sicher: David ist von Gott erwählt. Dann steht David vor Samuel. Da nimmt Samuel das Gefäß mit dem Salböl. Er salbt David mit kostbarem Öl. Samuel sagt: »Jetzt salbe ich dich mit kostbarem Öl. Das ist ein Zeichen Gottes für dich: Gott hat dich lieb, David. Du wirst eines Tages König von Israel werden. Gott segnet dich! Gott ist mit dir!«
Es hat zwar noch ein paar Jahre gedauert, aber dann ist David wirklich König von Israel geworden.

Hinführung zur Salbung

Damals in Israel war die Salbung durch einen Propheten die Bestimmung zum König. Auch heute gibt es die Salbung mit Salböl noch. Allerdings nicht als Zeichen für das König-Sein in Israel. Wohl aber als Zeichen dafür, dass Gott dich gerne hat, immer bei dir ist und dich segnet. Ich habe hier ein schönes Gefäß mit Salböl.
(Gefäß mit Salböl zeigen.)
Wer möchte, dem kann ich mit ein wenig Salböl auf die Stirn oder in die Hand ein kleines Zeichen malen. Das bedeutet: Gott hat dich lieb. Er ist immer bei dir.

Salbung

(Es folgt die Salbung, indem beim Salben mit dem Finger ein kleines Kreuz mit Öl gezeichnet wird. Dabei werden die Worte gesprochen:)
Gott segnet dich! Er hat dich lieb.
(Segensgeste bei den abschließenden Worten:)
Gott ist immer bei dir. Amen.

Lied: Nun segne und behüte uns (KG 218)

Gebet
Hilf, Herr meines Lebens ... (Text: EG 419,1+2+4)

Vaterunser

Segen
Möge dein Weg dir freundlich entgegenkommen,
möge der Wind dir den Rücken stärken.
Möge die Sonne dein Gesicht erhellen.
Und bis wir uns wieder sehen
möge Gott dich schützend in seiner Hand halten.
(nach einem irischen Segensgebet)

Der Herr segne dich und behüte dich.
Der Herr lasse sein Angesicht leuchten über dir
und sei dir gnädig.
Der Herr erhebe sein Angesicht über dich
und gebe dir Frieden.
Amen.

Ich habe Segen erfahren in Momenten, die mein Herz und meine Seele berührt haben: ein Kinderlachen, ein Händedrücken, eine liebevolle Umarmung, ein Windhauch, der mein Haar berührt.

Du salbst mein Haupt mit Öl

Die Salbung Davids – Erzählung für einen Salbungsgottesdienst
(Psalm 23)

VORBEMERKUNGEN

Thema
Der Psalm 23 wird David zugeschrieben. In Vers 4 spricht David von seiner Salbung durch den Propheten. Der Psalm erinnert an Begebenheiten aus dem Leben Davids.
Die hier ausgeführte Erzählung erfolgt aus der Perspektive des alten Königs David. Er erinnert sich an seine Jugend als Hirte, an die Salbung durch den Propheten Samuel, den Kampf mit dem Riesen Goliath. Er ist froh darüber, sein Leben lang durch Gottes Segen begleitet und bewahrt worden zu sein.

Darbietungsform
Erzählung, Salbung

Zielgruppe
Kindergottesdienst, Kindergarten

Material
Salbgefäß mit Salböl*

* Bezug über: Verlag Junge Gemeinde, www.junge-gemeinde.de, Best.-Nr.: 479; 527
Wer das Salböl selbst herstellen will, mischt gutes Olivenöl z.B. mit einigen Tropfen Bergamotte oder ein wenig Rosenöl.

ABLAUF DES GOTTESDIENSTES

(Die Teilnehmer/innen sitzen im Kreis um die liturgische Mitte.)

Lied: Kommt herbei, singt dem Herrn (EG RT; LJ 445)

Eingangswort mit Kerzenritus

Im Namen Gottes, des Vaters, und des Sohnes und des Heiligen Geistes. Amen.

Gott hat die Welt und alle Pflanzen, Tiere und Menschen geschaffen.
Für ihn zünden wir die **erste Kerze** an. *(Kerze anzünden.)*

Jesus Christus hat vielen Menschen Gutes getan. Er hat uns gezeigt, wie wir liebevoll miteinander umgehen können.
Für ihn zünden wir die **zweite Kerze** an. *(Kerze anzünden.)*

Gottes Heiliger Geist gibt uns Kraft und macht uns Mut.
Für ihn zünden wir die **dritte Kerze** an. *(Kerze anzünden.)*

Psalm aus unseren Tagen
(Der Kehrvers wird gemeinsam gesprochen.)

Zu dir, Herr, komme ich als Gast,
du lädst mich ein an deinen Tisch.

Du sorgst für mich, Gott.
Du gibst mir zu essen und zu trinken.
Du deckst mir den Tisch, so dass kein Mangel ist.
Du gibst mir, was ich zum Leben brauche.

Zu dir, Herr, komme ich als Gast,
du lädst mich ein an deinen Tisch.

Du lässt mich bei dir ausruhen, Gott.
Du stärkst mich und gibst mir neue Kraft.
Bei dir kann ich Atem schöpfen.
Bei dir finde ich Stärkung für Körper und Seele.

Zu dir, Herr, komme ich als Gast,
du lädst mich ein an deinen Tisch.

Bei dir kann ich mich geborgen fühlen
und finde Zuflucht, wenn es nötig ist.
Von deinem Tisch gehe ich gestärkt wieder fort.
Denn du sorgst für mich.
Dank sei dir dafür.

Zu dir, Herr, komme ich als Gast,
du lädst mich ein an deinen Tisch.
(Dieter Witt nach Psalm 23. Der Refrain ist auch als Lied zu singen. Noten s. S. 70.)

Erzählung zu Psalm 23
König David legt die Schreibfeder zur Seite. Er schaut sich an, was er gerade geschrieben hat. »Ja, es ist gut geworden!«, denkt er. »Ein schönes Gedicht ist es geworden, ein Psalm! Und es stimmt alles, was ich in meinem Psalm aufgeschrieben habe. Genau so war es in meinem Leben! Genau so wie ich es aufgeschrieben habe, habe ich es erlebt.
Wenn ich daran zurückdenke, wie alles angefangen hat! Ich war so jung damals – der jüngste unter den Geschwistern. Aber der Vater hat mir vertraut. Ich durfte die große Schafherde alleine hüten. Er wusste, dass ich das kann. Ich habe immer dafür gesorgt, dass die Schafe eine gute Weide fanden mit saftigem, grünen Gras und frischem Wasser.

Zu dir, Herr, komme ich

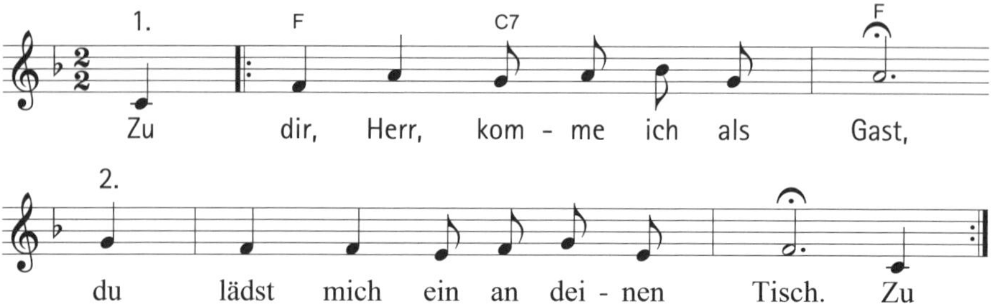

Dazu können folgende Begleitstimmen gesungen werden:

Text: Dieter Witt; Kanon: Michael Porr.

So wie ich immer gut für meine Schafe gesorgt habe, so hat Gott in meinem Leben immer wieder gut für mich gesorgt. Das habe ich in meinem Psalm so auch aufgeschrieben: ›Der Herr ist mein Hirte, mir wird nichts mangeln.‹
Aber ich sollte nicht immer Schafe hüten. Gott hatte anderes mit mir vor. Eines Tages – ich war bei den Schafen – da passierte es. Ich wurde von den Schafen weggerufen. Ich sollte nach Hause kommen. Und als ich da ankam, stand der Prophet Samuel neben meinem Vater und meinen Brüdern. Er sah mich an und sagte: ›David! Erschrick nicht über das, was ich dir jetzt sage. Du sollst König von Israel werden‹ Kaum hatte er das gesagt, nahm er ein Gefäß mit Salböl, goss etwas Öl über meinen Kopf, segnete mich und sagte: ›Ich salbe dich zum König von Israel!‹ In meinem Psalm habe ich das so aufgeschrieben: ›Du salbest mein Haupt mit Öl.‹

Ich bin dann wirklich König von Israel geworden, später, viel später. Saul war ja zuerst noch König. Bis ich König wurde, musste ich viele Abenteuer und Gefahren bestehen. Und deshalb ist mir ein Satz in meinem Psalm ganz besonders wichtig. Es ist der Satz: ›Und ob ich schon wanderte im finsteren Tal, fürchte ich kein Unglück, denn du bist bei mir.‹
Ganz gefährlich war zum Beispiel der Kampf mit dem Riesen Goliath! Das hätte auch anders ausgehen können: Wenn ich daneben gezielt hätte mit meiner Schleu-

der, dann hätte der Riese mich totgeschlagen. Aber Gott war immer bei mir. Auch wenn ich das nicht sehen konnte, habe ich es gespürt. Noch eine gefährliche Situation fällt mir ein! Ich habe sie bis heute so vor Augen, als wäre sie gestern passiert: Saul – er war ja noch König von Israel – wollte mich aus dem Weg räumen. Er wollte mich töten. Mit dem Speer hat er nach mir geworfen. Aber Gott hat mich beschützt. Der Speer ging daneben.
Jetzt bin ich schon viele Jahre König. Und noch immer gibt es mir neue Kraft, wenn ich daran denke, dass Samuel mich im Auftrag Gottes gesalbt hat. Ja, Gottes Segen, den ich damals bekommen habe, hat mich mein ganzes Leben lang begleitet!«

Herr, mein Hirte, mangeln wird mir nichts auf dieser Welt

Melodie: aus Schweden
Text: Julius Felderhoff (*1931)

2. Und ob mich mein Weg schon führte durch die Dunkelheit,
fürchte ich kein Unglück, denn du bist von mir nicht weit.
Alle meine Fragen
kann ich vor dich tragen.
Du weißt Trost und Rat und bist zu helfen gern bereit.

3. Du bereitest vor mir einen Tisch und schenkst mir ein.
Gutes und Barmherzigkeit solln immer mich erfreun.
Deinen heilgen Willen
lehr mich zu erfüllen.
So kann ich für alle Zeit im Haus des Herren sein.

Hinführung und Salbung

Liturg/in:
Gottes Segen hat David seit seiner Salbung begleitet. Gott ist mit seinem Segen bei ihm gewesen. Damals, als Samuel David gesalbt hat, da bedeutete das, dass David auserwählt war, König von Israel zu werden.
Die Salbung als Zeichen für Gottes Segen gibt es bis heute. Sie bedeutet nicht mehr, dass man zum König gesalbt wird. Aber sie bedeutet immer noch, dass dem, der gesalbt wird, der Segen Gottes gilt.
Wenn du gesalbt wirst, dann heißt das: Du bist Gott so wichtig, als wärest du ein König. Gott will dich mit seinem Segen begleiten und bei dir sein. Dass soll dir das Zeichen der Salbung sagen.
Ich werde gleich mit einem Gefäß, in dem Salböl ist, zu dir kommen. Ich möchte dir mit etwas Salböl als Zeichen des Segens ein kleines Kreuz auf die Stirn oder in die Handfläche malen. Du kannst dir aussuchen und mir sagen, wohin das Kreuz kommen soll. Dann spreche ich für dich ein Segenswort und segne dich mit Salböl.

(Es folgt die Salbung, indem mit dem Finger ein kleines Kreuz mit Öl gezeichnet wird. Dabei werden folgende Worte gesprochen:) Gott segnet dich! Er hat dich lieb.

(Segensgeste bei den abschließenden Worten:) Gott ist immer bei dir. Amen.

Lied: Gottes Liebe ist so wunderbar (KG 146)

Gebet
Lieber Gott!
Wir wissen, dass heute nicht alle Menschen froh sind.
Wir wissen um viel Not in der Welt.

- Wir bitten dich um deine Hilfe!
  Wir bitten dich für die Menschen, die krank sind
  und unter Schmerzen leiden.
- Wir bitten dich um deine Hilfe!
  Wir bitten dich für alle Menschen, die traurig sind!
- Wir bitten dich um deine Hilfe!

Vaterunser

Segen

Der Herr segne euch, wie er euch zugesagt hat.
Gott segne euch und behüte euch.
Er begleite euch, wo immer ihr seid.
Gott segne euch mit seiner Liebe,
damit ihr mit vollen Händen davon weitergeben könnt.
Amen.

Ich erfahre Gottes Segen, wenn ich mit Menschen zusammen bin, die ich liebe. Ich erfahre auch Gottes Segen in Situationen, die zunächst aussichtslos sind.
Gott hat mir bisher immer einen Weg gezeigt, weiter vorwärtszugehen und wird es gewiss auch zukünftig tun.

Jesus segnet die Kinder

Gottesdienst zur Einschulung – Erzählung mit Handpuppe Rabe

(Markus 10,13–16)

VORBEMERKUNGEN

Thema

Das Evangelium von der Kindersegnung ist eine der wenigen Bibelstellen, in denen berichtet wird, dass Jesus selbst Menschen gesegnet hat. Dass es gerade die Kinder sind, die seinen Segen zugesprochen bekommen, macht diese Bibelstelle besonders bedeutsam. Denn Kinder galten damals nicht viel.

Da der Segen seinen Ort vor allem an Übergangssituationen im Leben hat, eignet sich das Evangelium von der Kindersegnung gut für einen Gottesdienst zur Einschulung. Zugleich bietet es die Möglichkeit bei den Kindern, die in die Schule kommen, das Verständnis des Segens anzubahnen. Am Schluss des Gottesdienstes wird ihnen der Segen zugesprochen.

Darbietungsform

Erzählung mit Handpuppe, Segnung jedes Kindes mit Handauflegung, Segenskarte für jedes Kind.

Zielgruppe

Kinder, Eltern, Lehrer/innen im Einschulungsgottesdienst

Material

- Handpuppe Rabe (z.B. von Folkmanis, www.folkmanis.com, Art. 15722)
- Segenskarten: z.B. Uli Gutekunst, Kindersegnung – Bild mit Bibelwort der Jahreslosung 2015, (Bezug: Verlag Junge Gemeinde, www.junge-gemeinde.de)

Vorbereitung

- Rabenhandpuppe besorgen und das Erzählen mit der Handpuppe üben: Wichtig ist die Koordination des gesprochenen Textes mit den Mundbewegungen der Rabenhandpuppe.
- Sprecher/innen für das Sprechspiel finden und Sprechspiel proben.
- Segenskarten rechtzeitig bestellen und mit Segensspruch versehen.

ABLAUF DES GOTTESDIENSTES

Ortsübliche Eingangsliturgie mit Lied, Psalm, Gebet, Lied

Sprechspiel

(Mit Rabenhandpuppe, zwei Jüngern, Jesus. Die Sprechrollen des Spiels können von Eltern der Kinder übernommen werden. Liturg/in übernimmt die Handpuppe.)

Rabe:
Guten Morgen, ihr Kinder und ihr Eltern!

Ich bin Xaver Xylophon, der ur-ur-alte Rabe.
Könnt ihr mir sagen, was heute hier los ist?
Es sind ja so viele Kinder und Eltern da!
(Reaktionen abwarten.)

Aha, ihr kommt in die Schule!
Wer denn von euch? Zeigt einmal auf!

Und welche Eltern gehören zu euch?
(Kinder zeigen auf ihre Eltern ...)

Welche Lehrer/innen habt ihr?
(Kinder antworten ...)

Und die übrigen Klassen?
(Klassen werden genannt und vorgestellt.)

Ja, so viele Kinder und Eltern. Das erinnert mich an etwas. Ganz lange ist es her. Viele, viele hundert Jahre. Es war auch nicht hier, sondern in einem anderen Land, in Israel. Es war in der Zeit, als Jesus gelebt hat. Da habe ich schon einmal ganz viele Eltern mit ihren Kindern gesehen.
Davon will ich euch jetzt erzählen. Ich habe nämlich viel erlebt. Ich bin nämlich ur-ur-alt.

Ich habe in einem Baum gesessen – damals im Land Israel. Ich war sehr müde, denn ich war viel geflogen, den ganzen Tag über. Und wie ich so da gesessen habe, um mich auszuruhen, bin ich wohl eingeschlafen. Aber dann haben mich Stimmen geweckt. Direkt unter mir. Direkt unter meinem Baum.

1. Jünger:
Jesus, ruh dich ein wenig aus! Du hast den ganzen Tag mit den Menschen gesprochen, du hast Kranke geheilt, du hast den Menschen von Gott erzählt. Ruh dich unter diesem Baum aus. Wir passen auf, dass keiner dich stört.

Jesus:
Ja, Petrus! Das ist eine gute Idee. Ich lege mich ein wenig in den Schatten des Baumes.

Rabe:
So hat Jesus versucht, sich ein wenig auszuruhen – direkt unter meinem Baum. Ich bin ganz still gewesen. Ich habe ja schließlich gewusst, dass da ein ganz besonderer Mann sich ausruht: Jesus, Gottes Beauftragter, Gottes Sohn.

Aber es ist nicht lange ruhig geblieben. Kinderstimmen habe ich gehört. Kinder sind gekommen. Auch Erwachsene sind dabei gewesen: Mütter und Väter.
Da habe ich wieder Petrus gehört:

1. Jünger:
Nein! Ihr könnt nicht zu ihm. Er will sich ausruhen. Da könnt ihr ihn nicht stören. Eure Kinder soll er segnen? Ja, das tut er sicher – aber ein anderes Mal. Nicht jetzt. Ihr habt doch gehört. Er darf jetzt nicht gestört werden.

Rabe:
Aber die Kinder sind nicht weggegangen. Sie haben gerufen: »Wir wollen zu Jesus. Wir wollen zu Jesus!« Das hat Jesus gehört. Er hat einen seiner Jünger zu sich gerufen.

Jesus: Jakobus, was ist da los?

1. Jünger:
Da sind Kinder mit ihren Eltern. Du sollst die Kinder segnen, Jesus. Aber wir haben schon gesagt, das stört dich jetzt. Wir schicken sie weg.

Jesus:
Was!? Wegschicken wollt ihr sie? Auf keinen Fall. Gerade die Kinder verstehen mehr von Gott als die Erwachsenen. Sie haben Vertrauen zu Gott. Ihr denkt viel zu gering von den Kindern. Wenn ihr Gott nicht so vertraut wie die Kinder, dann werdet ihr nicht in Gottes Himmel kommen. Kinder sind nicht weniger wert als die Erwachsenen. Und deshalb will ich sie segnen – jetzt sofort.

Rabe:
Und mit diesen Worten ist er zu den Kindern und ihren Eltern gegangen. Die Kinder haben ihn umringt. Er hat ihnen gesagt:

Jesus:
Ich will euch die Hand auf den Kopf legen und euch segnen. Das ist ein Zeichen dafür, dass Gott euch lieb hat und euch schützt.

Rabe:
Dann hat er sie nacheinander in den Arm genommen. Er hat ihnen die Hände auf den Kopf gelegt und sie gesegnet.
Zuerst haben seine Freunde, die Jünger, ihn erstaunt angesehen. Aber dann haben sie verstanden. Sie haben gemerkt: Jesus hat die Kinder lieb. Sie stören ihn nicht. Sie können immer zu ihm kommen.

Ja, so ist das damals gewesen. Und seitdem habe ich das in vielen Kirchen gesehen. Beim Gottesdienst legt der Pfarrer den Kindern die Hände auf den Kopf und segnet sie. So wie Jesus das damals getan hat.
Ich bin sicher, das wird der Pfarrer auch heute für alle tun, die neu in die Schule kommen.
Ich setzte mich jetzt hier vorne hin und schaue einfach einmal zu, wie euer Gottesdienst weitergeht. Vielleicht könnt ihr mir ja jetzt ein Lied vorsingen, das ihr gerne singt!

Lied, Fürbittengebet

Segen für die Schulanfänger im Altarraum

Die Schulanfängerkinder kommen in den Altarraum und bilden einen Kreis um den Altar. Jedem Kind wird einzeln der Segen mit Handauflegung zugesprochen. Jedes Kind bekommt eine Karte (eventuell mit einem handschriftlichen Segenswort) und dem Bild der Kindersegnung von Uli Gutekunst. Dann gehen sie wieder auf ihre Plätze.

Vaterunser

Segen für die ganze Schulgemeinde
Gottes Segen sei mit euch und stärke euch!
Der Segen Gottes erfülle euer Herz
und mache euch froh!
So segne euch Gott, der Vater, der Sohn und der Heilige Geist.
Amen.

> Ich erlebe Segen, wenn meine Tochter mich abends beim Gute-Nacht-Sagen segnet.

Der Segen des Herrn sei über euch

Segensandacht mit Buchsbaumzweig

(Psalm 133,3)

VORBEMERKUNGEN

Thema
Wir leben im Segen und merken ihn nicht. (Martin Luther)

Darbietungsform
Für eine Andacht zum Segen wird ein Segenswort an einem kleinen Buchsbaumzweig befestigt und kann anschließend mitgenommen werden.

Zielgruppe
Erwachsene, Senioren, Gemeindegruppen, Krankenhausandacht

Material
- Kleine Buchsbaumzweige,
- vervielfältigtes Segenswort (Vorlage s. S. 80):
  Der Segen des Herrn sei über euch.
  Der Herr verleiht Segen und Leben bis in Ewigkeit.
  Amen. (nach Psalm 133,3),
- Locher, Faden, Schere,
- Körbchen für den Transport.

Vorbereitung
- Das Segenswort in der gewünschten Größe mehrfach ausdrucken.
- Jedes Segenswort einzeln seitlich lochen.
- Mit einem Faden versehen wird es am Buchsbaumzweig befestigt.
- Zu Beginn der Andacht liegt auf jedem Platz ein Zweig mit dem Segenswort.

Andacht

Liebe Gemeinde!
Martin Luther hat einmal gesagt:

»Wir leben mitten im Segen und merken ihn nicht!«

Ich möchte mit Ihnen darüber nachdenken, was er damit wohl gemeint hat.
Denn stimmt es eigentlich, dass wir Gottes Segen nicht merken?

Ich weiß von vielen Gottesdienstbesuchern, dass der Segen am Ende des Gottesdienstes sie ganz besonders berührt. In manch einem Traugespräch sagt mir das Brautpaar: »Das Wichtigste bei der Trauung ist uns der Segen.« Und wenn Segens-

gottesdienste in den Kirchengemeinden angeboten werden, dann sind sie gut besucht. Offenbar merken wir doch: Der Segen tut gut.
»Wir leben im Segen und merken ihn nicht!«
Was kann Martin Luther damit gemeint haben? Dazu müssen wir uns erst einmal darüber klarwerden, was uns die Bibel davon erzählt, wie Gott handelt.
Wir kennen eine Art von Gottes Handeln recht gut: Von ihr berichtet uns die Bibel in vielen Geschichten. Ich meine das rettende Eingreifen Gottes. Die Bibel erzählt, wie Gott immer wieder an ganz bestimmten Punkten der Geschichte des Volkes Israel seine Gegenwart unübersehbar deutlich gemacht hat: zum Beispiel beim Auszug aus Ägypten und der Rettung des Volkes Israel am Schilfmeer. Auch dass Gott seinen Sohn zu uns gesandt hat: sein Leben und Sterben, seine Auferstehung – das alles können wir das rettende Eingreifen Gottes nennen.

Das ist die eine Art Gottes zu handeln und uns Menschen zu helfen. Es gibt aber noch eine andere Art, wie Gott für uns da ist und sorgt. Ich glaube, die meint Martin Luther mit seinem Satz: *»Wir leben mitten im Segen und merken ihn nicht!«*

Es ist das Erhalten und Bewahren seiner Schöpfung und seiner Geschöpfe, das wir kaum im Blick haben. Erhalten und Bewahren der Schöpfung – das geschieht zum Beispiel in der stetigen Wiederkehr von Tag und Nacht, von Frühling, Sommer, Herbst und Winter. Dies alles ist etwas, das Gott für uns tut. Und genau das meint Luther! Das ist nämlich etwas, das wir kaum bemerken, weil es ständig vor sich geht. Es ist ein Segenshandeln Gottes, das im Erhalten und Bewahren besteht. Segen Gottes in dieser Form kommt uns tagtäglich zugute und begleitet uns auf unserem Lebensweg ganz unbemerkt. Dieser Segen Gottes umgibt uns. Darin leben wir. Aber er kommt uns kaum zum Bewusstsein. Ich denke: So hat Martin Luther es gemeint, als er gesagt hat: *»Wir leben mitten im Segen und merken ihn nicht!«*

Wir bemerken diesen Segen meist erst, wenn dieser Segen uns selbst ganz nah kommt. Wir merken ihn erst, wenn wir selbst gesegnet werden. Dann nämlich werden wir ganz konkret daran erinnert.
Ich will es einmal so ausdrücken: Wenn wir im Gottesdienst den Segen zugesprochen bekommen, der uns in die Woche entlässt und uns begleitet auf unserem Weg, dann ist das ein kleiner Teil jenes großen Segens, mit dem Gott uns alle immer schon begleitet. Es ist Teil jenes großen Segens, mit dem er die Welt jeden Tag bewahrt und erhält. Wenn wir im Gottesdienst gesegnet werden, dann wird uns persönlich ein Teil dieses großen Segens zuteil. Dann spüren wir: Jetzt kommt Gott uns im Segen ganz nah. Der Segen tut uns gut, er stärkt uns und macht uns Mut. Das ist zwar nur ein kleiner Teil des großen Segenshandelns Gottes an seiner Welt, die er erhält und über der er jeden Tag neu die Sonne aufgehen lässt. Aber da fühlen wir uns in unserer Seele angerührt. Da spüren wir etwas von der Treue und der Liebe, mit der

Gott für uns da ist. Da erst werden wir aufmerksam darauf, dass das, was Gott für uns tut, etwas ist, das er schon längst für die ganze Schöpfung tut.
Ich möchte Ihnen heute ein kleines Zeichen für den Segen Gottes in die Hand geben. Es ist ein Segen sozusagen zum Anfassen und zum Spüren, dass wir mitten im Segen Gottes leben.
Vor Ihnen auf den Tischen liegen kleine Gestecke aus Buchsbaum, dem Zeichen der Treue und des Lebens. Daran ist ein Zettel befestigt. Er ist bedruckt mit einem Segenswort für Sie. Ich will Ihnen das Segenswort, das darauf steht, jetzt zusprechen. Als Erinnerung und Wegbegleitung für die nächsten Tage können Sie den Zweig nachher mitnehmen.

Vorlage für das Segenswort

Der Segen des Herrn
sei über euch.
Der Herr verleiht
Segen und Leben
bis in Ewigkeit. ∞
Amen

NACH PSALM 133,3

Vom Segen der Heilung

Heilung einer Frau – Erzählung mit Sprechchor

(Lukas 13,10-17)

VORBEMERKUNGEN

Thema

In der Stuttgarter Erklärungsbibel lautet die Überschrift zu dieser Geschichte: Die Heilung einer gekrümmten Frau am Sabbat. Lukas berichtet ausdrücklich, dass Jesus der gekrümmten Frau bei der Heilung die Hände auflegt (Vers 13). Da die Ursache der Krankheit damals bösen Geistern zugeschrieben wurde, ist die Handauflegung als Segensgeste zu deuten. Mit dieser Segensgeste übt Jesus als der Sohn Gottes seine Macht aus zu heilen.
Auch wenn die Heilung von einer Krankheit heute meist durch ärztliche Kunst geschieht, wird Heilung bis heute als ein Segen empfunden.

Darbietungsform

Erzählung mit Sprechchor

Zielgruppe

Kindergottesdienst, Familiengottesdienst, Schulgottesdienst

Vorbereitung

- Rollen besetzen: Erzähler/in und Chorführer/in
- Sprechspiel zuvor im Gottesdienstraum proben

ABLAUF DES GOTTESDIENSTES

Lied: Halte zu mir, guter Gott (EG RT; KG 8; LJ 549)

Eingangswort mit Kerzenritus

Im Namen Gottes, des Vaters, und des Sohnes und des Heiligen Geistes. Amen.

Gott hat die Welt und alle Pflanzen, Tiere und Menschen geschaffen.
Für ihn zünden wir die **erste Kerze** an. *(Kerze anzünden.)*

Jesus Christus hat vielen Menschen Gutes getan. Er hat uns gezeigt, wie wir liebevoll miteinander umgehen können.
Für ihn zünden wir die **zweite Kerze** an. *(Kerze anzünden.)*
Gottes Heiliger Geist gibt uns Kraft und macht uns Mut.
Für ihn zünden wir die **dritte Kerze** an. *(Kerze anzünden.)*

Psalm aus unseren Tagen
(Der Kehrvers wird gemeinsam gesprochen.)

Gott, du kennst mich
und rufst mich bei meinem Namen.

Seit ich auf der Welt bin,
achtest du auf mich.
Mein Leben ist dir kostbar.
Von allen Seiten umgibst du mich
und hältst deine Hand über mich.

Gott, du kennst mich
und rufst mich bei meinem Namen.

Ob ich sitze oder stehe,
immer bist du bei mir.
Wohin ich auch gehe, du bist da.
Nie gibst du mich verloren.

Gott, du kennst mich
und rufst mich bei meinem Namen.

Amen.

(Dieter Witt, nach Ernst Richter in: Sagt Gott, wie wunderbar er ist. Neue Psalmen für Gottesdienst und Andacht, Hg. Gottfried Mohr und Andreas Weidle, Verlag Junge Gemeinde, Leinfelden-Echterdingen, S. 68)

Lied: Vom Aufgang der Sonne (EG 456; KG 169; LJ 268)

Erzählung mit Chor
(Ein/e Erzähler/in berichtet das Geschehen. Ein/e Chorführer/in spricht Sätze vor, die jeweils von allen nachgesprochen werden. Dadurch werden die Zuhörer nicht nur selbst beteiligt, sondern die Erzählung wird auch erstaunlich lebendig.
Eine kurze Erklärung wird der Darbietung vorangeschickt: Die Gottesdienstbesucher werden gebeten, die Sätze des Chorführers / der Chorführerin gemeinsam nachzusprechen.)

Erzähler/in:
Ich will euch von einer Frau erzählen. Es geht ihr sehr schlecht. Schon lange wird sie von einer Krankheit gequält. Ihr Rücken ist ganz krumm. Von Jahr zu Jahr wird das schlimmer. Wenn sie geht, dann muss sie sich auf einen Stock stützen. Sie geht ganz weit nach vorne über gebeugt. Sie kann sich gar nicht mehr aufrichten. Ihr Rücken bereitet ihr unendlich viele Schmerzen. Schon viele Jahre lang muss sie die Schmerzen aushalten.

Chorführer/in: Ach, wenn mir doch jemand helfen könnte!

Alle: Ach, wenn mir doch jemand helfen könnte!

Chorführer/in: Kein Arzt kann mich gesund machen!

Alle: Kein Arzt kann mich gesund machen!

Erzähler/in:
Eines Tages kommt Jesus in die Stadt, in der die Frau wohnt. Er geht in das Gotteshaus, die Synagoge. Dort spricht er zu den Menschen. Er erzählt ihnen von Gott. Die Frau mit dem gekrümmten Rücken hört von ihren Nachbarn, dass Jesus in der Synagoge ist. Sie nimmt ihren Stock und macht sich auf den Weg zu Jesus. Jeder Schritt tut ihr weh. Aber sie hofft auf Jesus. Sie hat gehört, dass er schon viele Kranke geheilt hat. Schließlich kommt sie an der Synagoge an. Sie öffnet die Tür und geht hinein. »Was willst du hier! Du störst uns!«, schimpfen die Männer, die Jesus zuhören.

Chorführer/in: Ich will zu Jesus!

Alle: Ich will zu Jesus!

Chorführer/in: Jesus soll mich gesund machen!

Alle: Jesus soll mich gesund machen!

Erzähler/in: »Sei still! Heute ist der Sabbat-Tag! Heute ist der Tag an dem Gott von aller Arbeit geruht hat. Da darf niemand arbeiten. Da darf Jesus dich nicht heilen!« So antworten die Männer der Frau. Da wird Jesus aufmerksam. Er unterbricht seine Rede und geht auf die Frau zu. Er sieht die Frau an und fragt: »Bist du schon lange krank?«

Chorführer/in: Ja, schon 18 Jahre.

Alle: Ja, schon 18 Jahre.

Chorführer/in: Bitte, Jesus, mach mich gesund!

Alle: Bitte Jesus, mach mich gesund!

Chorführer/in: Damit die Schmerzen aufhören!

Alle: Damit die Schmerzen aufhören!

Erzähler/in:
Und während die Männer, die in der Synagoge sind, sich zuflüstern: »Das darf Jesus doch gar nicht tun!«, legt Jesus der Frau segnend die Hände auf den gekrümmten Rücken.

▷▷▷

Chorführer/in: Jesus segnet die Frau.

Alle: Jesus segnet die Frau.

Erzähler/in:
Da richtet die Frau sich auf – ganz langsam. Ganz allmählich wird ihr Rücken gerade. Sie schaut Jesus an. Ihr Gesicht strahlt vor Freude:

Chorführer/in: Die Schmerzen sind weg!

Alle: Die Schmerzen sind weg.

Chorführer/in: Ich kann meinen Rücken wieder gerade machen.

Alle: Ich kann meinen Rücken wieder gerade machen!

Chorführer/in: Danke, Jesus, du hast mich gesund gemacht!

Alle: Danke, Jesus, du hast mich gesund gemacht!

Chorführer/in: Du hast mir Gesundheit und Segen gebracht!

Alle: Du hast mir Gesundheit und Segen gebracht!

Erzähler/in:
Alle in der Stadt staunen darüber, dass die Frau gesund geworden ist. Sie loben Gott. Einige aber, die in der Synagoge dabei gewesen sind, machen Jesus Vorwürfe, weil er die Frau an einem Sabbat geheilt hat. Andere aber erzählen weiter, was sie erlebt haben. Sie sagen: »Welch ein Segen, dass Jesus die Frau geheilt hat. Wie sehr hat sie all die Jahre gelitten! Ja, Gesund-sein und Gesund-werden – das ist wirklich ein Segen!«

Lied: Schalom chaverim (EG 434; KG 133; LJ 245)

Gebet

Heiliger Gott!
Es ist nicht selbstverständlich, wenn wir gesund sind.
Für unsere Gesundheit danken wir dir.
Wir bitten dich, steh uns bei, wenn wir krank werden.
Wir bitten dich für alle Menschen, die krank sind.
Hilf ihnen gesund zu werden.
Wir danken dir, dass es Medizin gibt, die gesund machen kann.
Wir danken dir für die Ärzte, die helfen können, wenn wir krank sind.
Gib deinen Segen zu ihrem Tun.
Amen.

Vaterunser

Segen

Bewahre uns, Gott,
behüte uns, Gott,
sei mit uns vor allem Bösen.
Sei Hilfe und Kraft,
die Frieden schafft,
sei in uns, uns zu erlösen.

Bewahre uns, Gott,
behüte uns, Gott,
sei mit uns durch deinen Segen.
Dein Heiliger Geist,
der Segen verheißt,
sei um uns auf unseren Wegen.
Amen.

> Segen ist jede noch so kleine Umarmung, die von Herzen kommt. Segen ist: sich einander zur Seite stehen und den Rücken zu stärken.

Jesu Abschiedsmahl

Erzählung mit Legematerial

(Matthäus 26, 17-30; Markus 14,12–26; Lukas 22,7-23)

VORBEMERKUNGEN

Thema

Bei Jesu Abschied von seinen Jüngern feiert er mit ihnen das Mahl. Die Worte, die er über Brot und Wein spricht, bezeichnen wir als Einsetzungsworte zum Abendmahl. Wenn es dabei heißt, dass Jesus das Brot und den Kelch mit dem Wein nimmt und dankt, dann ist an den Worten der Übersetzung nicht mehr zu erkennen, dass Jesus im Danken zugleich einen Segen ausspricht. Er dankt und segnet die Gaben des Mahles, so wie er es auch sonst bei den Mahlzeiten tat. Auf diese Weise macht er deutlich, dass Gott der Geber der Gaben des Mahles ist, die der Mensch gebraucht. Sie sind von Gott zum gesegneten Gebrauch durch den Menschen bestimmt.
Wenn bei der vorliegenden Erzählung Abendmahl gefeiert werden soll, werden die Einsetzungsworte zum Abendmahl an der entsprechenden Stelle gesprochen. Soll kein Abendmahl gefeiert werden, werden die Einsetzungsworte ausgelassen. Stattdessen wird frei erzählt und von Brot und Wein/Saft als gesegneten Gaben Gottes gesprochen.

Darbietungsform

Erzählung mit Legematerial

Zielgruppe

Kindergottesdienst, Jugendgottesdienst, Mitarbeiterkreis, Familienfreizeit

Material und Vorbereitung

- Liturgische Mitte mit schönem Tuch, drei Kerzen und Streichhölzern (genug Platz lassen für das Bodenbild mit Legematerial),
- großes Tischtuch,
- Jesuskerze,
- kleine Rundtücher (Verlag Junge Gemeinde, www.junge-gemeinde.de, Best.-Nr.:1190),
- dunkle Chiffontücher (RPA-Verlag, www.rpa-verlag.de, verschiedene Farben, Best-Nr. 9102),
- bunte Glas-Nuggets (Verlag Junge Gemeinde, www.junge-gemeinde.de, Best.-Nr.: 428),
- Teelichter in einem Korb, Streichhölzer,
- Fladenbrot auf einem Teller, Abendmahlskelch, Wein / Traubensaft.

ABLAUF DES GOTTESDIENSTES

(Die Teilnehmer/innen sitzen im Kreis um die liturgische Mitte.)

Lied: Kommt herbei, singt dem Herrn (EG RT; LJ 445, Strophen 1-3)

Eingangswort mit Kerzenritus

Im Namen Gottes, des Vaters, und des Sohnes und des Heiligen Geistes. Amen.

Gott hat die Welt und alle Pflanzen, Tiere und Menschen geschaffen.
Für ihn zünden wir die **erste Kerze** an. *(Kerze anzünden.)*

Jesus Christus hat vielen Menschen Gutes getan.
Er hat uns gezeigt, wie wir liebevoll miteinander umgehen können.
Für ihn zünden wir die **zweite Kerze** an. *(Kerze anzünden.)*

Gottes Heiliger Geist gibt uns Kraft und macht uns Mut.
Für ihn zünden wir die **dritte Kerze** an. *(Kerze anzünden.)*

Psalm (nach Motiven aus Psalm 111)
(Der Kehrvers wird gemeinsam gesprochen.)

Gott sorgt für uns. Er ist immer für uns da.

Im Gottesdienst, wenn alle dich loben, Gott,
dann spüre ich, dass du mich hörst.
Im Gottesdienst, wenn ich von dir, Jesus, höre,
weiß ich, dass du die Menschen liebst.

Gott sorgt für uns. Er ist immer für uns da.

Im Gottesdienst, wenn ich still werde, dann merke ich:
Auf dich, Gott, kann ich mich verlassen.
Im Gottesdienst, wenn ich bete,
dann ist es mir, als hörte ich dich, Gott, sagen:
Hab keine Angst! Ich bin bei dir!

Gott sorgt für uns. Er ist immer für uns da.

Amen.

Lied: Lasst uns miteinander (EG RT; KG 189; LJ 403)

Abendmahlserzählung mit Legematerial

Liturg/in:
Jesus war in Jerusalem. Der Abend kam.
(Der/die Liturg/in breitet das Tischtuch aus und zündet die Jesuskerze an.)

Bei Jesus waren seine Freunde, die Jünger.
(Rundtücher werden herumgereicht. Jede/r legt ein Rundtuch an den Rand des Tischtuches.)

Die Freunde Jesu dachten an alles, was sie in den letzten Wochen mit Jesus erlebt hatten: Die vielen Anfeindungen, denen er ausgesetzt war. Sie dachten an alles, was ihnen Sorgen machte.
(Korb mit dunklen Chiffontüchern herumreichen. Jede/r legt ein dunkles Tuch auf sein Rundtuch.)

Sie dachten aber auch an all das Schöne, das sie in ihrer Zeit mit Jesus erlebt hatten.
*(Korb mit den bunten Glas-Nuggets herumreichen.
Jede/r legt einige Glas-Nuggets auf sein Rundtuch.)*

Jesus sagte: »Heute wird im ganzen Land das Passahfest gefeiert. Auch wir wollen das tun. Ihr wisst, was man sonst dazu braucht. Wir feiern es heute aber anders als sonst. Wir brauchen nur das Brot und den Wein.«
(Der/die Liturg/in stellt das Brot und den Kelch auf das Tischtuch.)

Die Freunde von Jesus waren erstaunt. Jesus sagte: »Ja, es ist ein besonderes Mahl, das wir jetzt miteinander feiern. Bald werde ich nicht mehr bei euch sein. Denkt aber an mich, sooft ihr beim Mahl zusammen seid.«
(Soll das Abendmahl gefeiert werden, dann folgen hier die Einsetzungsworte und das Herumreichen von Brot und Wein durch Liturg/in. Soll das Abendmahl nicht gefeiert werden, wird frei erzählt.)

Jesus nahm das Brot, dankte Gott für die Gaben des Mahles und sagte: Dieses Brot – es ist eine gesegnete Gabe Gottes – ist das Brot des Lebens.
(Der/die Liturg/in nimmt die Schale mit dem Brot, bricht ein Stück Brot ab und gibt es dem Nachbarn/der Nachbarin mit den Worten:)

Nimm und iss! Dieses Brot ist eine gesegnete Gabe Gottes.
(In gleicher Weise wird von den Teilnehmern am Gottesdienst reihum weiter verfahren.)

Jesus nahm den Kelch, dankte Gott für die Gaben des Mahles und sagte: Nimm und trink! Dieser Saft/Wein ist eine gesegnete Gabe Gottes.
(Der/die Liturg/in nimmt den Kelch und gibt ihn dem Nachbarn/der Nachbarin mit den Worten:)

Nimm und trink! Dieser Wein/Saft ist eine gesegnete Gabe Gottes.
(In gleicher Weise wird von den Teilnehmern am Gottesdienst reihum weiter verfahren.)

Dankgebet
Danket dem Herrn, denn er ist freundlich und seine Güte währet ewiglich. Amen.

Kanon: Danket, danket dem Herrn (EG 336; LJ 195)

Vaterunser

Lied: Geh mit Gottes Segen (KG 214)

Segen
So lasst uns den Gottesdienst beschließen mit dem Segen Gottes!

Es segne uns Gott, der Vater.
Er sei der Raum, in dem wir leben.
Es segne uns Jesus Christus.
Er sei der Weg, auf dem wir gehen.
Es segne uns der Heilige Geist.
Er sei das Licht, das uns zur Wahrheit führt.
(Nach: Das Kindergesangbuch, Claudius Verlag, München, S. 350)

Es segne und behüte uns Gott, der Vater, der Sohn und der Heilige Geist.
Amen.

Wir haben Segen erfahren in jedem einzelnen Kindergottesdienst, bei unserer Konfirmation und bei der Taufe.

Tauf-Auftrag und Segen

Tauferinnerungsgottesdienst mit Wasseraktionen und Sprechspiel
(Lukas 24,36-51)

VORBEMERKUNGEN

Thema

Anders als im Missionsbefehl nach Matthäus 28 fügt Lukas an Jesu Taufauftrag einen Segen an. Jesus verlässt seine Jünger und kehrt zu seinem himmlischen Vater zurück. Durch den Segen sollen die Jünger für ihren Missionsauftrag gestärkt werden.
Dass Jesus nun nicht mehr bei ihnen ist, erfüllt die Jünger angesichts der Größe ihres Auftrags mit Unbehagen.
In einem Sprechspiel werden die Wichtigkeit und die Bedeutung des Segens vor dem Hintergrund der Sorgen der Jünger geschildert, die sich nun alleingelassen fühlen.
Eine Aktion zu Beginn des Gottesdienstes gibt den Gottesdienstteilnehmern die Möglichkeit, Erfahrungen mit dem Element Wasser zu machen. Diese Erfahrungen werden dann mit der Bedeutung der Taufe in Beziehung gesetzt.
(Eine ausführliche Beschreibung zu Tauferinnerungsgottesdiensten finden Sie beim Gottesdienst: Abraham, ich will dich segnen!, S. 33)

Darbietungsform

Stationen mit Wassererfahrungen, Sprechspiel, Tauferinnerungssegen

Zielgruppe: Tauferinnerungsgottesdienst, Kindergottesdienst

Material

Für den Einzug und Gottesdienstanfang:
- Fähnchen mit Krepppapierbändern an einem Stock für das Spalier beim Einzug,
- drei Kerzen mit Streichhölzern für den Kerzenritus.

Für die Stationen
- 1. Station: Kanne mit Wasser und Gläser,
- 2. Station: Schüssel mit Wasser und Papierhandtücher,
- 3. Station: vom Wasser durchlöcherter Stein in einer Schale, Schale mit Wasser, Schöpfgefäß,
- 4. Station: Wassermühle (aus dem Kindergarten) in einer Wanne, Schale mit Wasser, Blumengießkanne,
- 5. Station: zusammengefaltete Papierrose, die geöffnet eine Taufabbildung zeigt (s. Abbildung rechts),
- Schüssel mit Wasser, Stifte zum Verzieren der Papierrose, Papier um Schiffchen zu falten.

Gottesdienstraum
- Stuhl- oder Bankkreis mit Taufbecken in der Mitte, Osterkerze, Taufkerzen in Reserve auf Beistelltisch,
- Schöpfbecher und Schüssel mit Wasser am Taufbecken.

Vorbereitung

- Stationen einrichten,
- Betreuer/innen finden und einweisen,
- Sprechspiel proben,
- Faltanleitung für Schiffchen vergegenwärtigen,
- Papierrosen ausschneiden, an den gestrichelten Linien einschneiden und falten,
- Fahnen aus Stöcken mit bunten Kreppbändern bereitlegen,
- Stuhl- oder Bankkreis mit Taufbecken und Osterkerze als Mitte.

ABLAUF DES GOTTESDIENSTES

Einzug

Durch ein Spalier, das die Kinder und Eltern mit Krepppapierfahnen bilden, ziehen die Tauferinnerungskinder und Angehörigen in die Kirche ein. Die mitgebrachten Taufkerzen werden auf dem Tisch neben der Osterkerze abgestellt.

Gottesdiensteröffnung

Herzlich willkommen zu unserem Gottesdienst! Wir wollen uns heute daran erinnern, dass wir getauft sind. Die meisten von uns sind als kleine Kinder getauft worden und haben natürlich keine Erinnerung daran. Umso wichtiger ist es, etwas davon zu erfahren, was es mit der Taufe auf sich hat.
Wenn ihr euch im Gottesdienstraum umschaut, dann seht ihr schon: Wir haben einige Aktionen vorbereitet. Wir werden euch nachher einladen, nicht nur auf euren Plätzen sitzen zu bleiben, sondern auch selbst aktiv zu werden. Zuerst aber wollen wir zusammen singen.

Lied: Der Gottesdienst soll fröhlich sein (EG 169; KG 187; LJ 114 – Strophen 1-3)

Eingangswort mit Kerzenritus

Im Namen Gottes, des Vaters, und des Sohnes und des Heiligen Geistes. Amen.

Gott hat die Welt und alle Pflanzen, Tiere und Menschen geschaffen.
Für ihn zünden wir die **erste Kerze** an. *(Kerze anzünden.)*

Jesus Christus hat vielen Menschen Gutes getan. Er hat uns gezeigt, wie wir liebevoll miteinander umgehen können.
Für ihn zünden wir die **zweite Kerze** an. *(Kerze anzünden.)*

Gottes Heiliger Geist gibt uns Kraft und macht uns Mut.
Für ihn zünden wir die **dritte Kerze** an. *(Kerze anzünden.)*

Psalm aus unseren Tagen

(Der Kehrvers wird gemeinsam gesprochen.)

Gott, wir danken dir für das Wasser.

> Gott, alles was wir zum Leben brauchen, verdanken wir dir.
> Ganz besonders aber brauchen wir das Wasser.
> Ohne Wasser könnten Pflanzen und Tiere nicht leben.
> Auch wir Menschen würden verdursten.

Gott, wir danken dir für das Wasser.

> Wasser kann säubern und erfrischen.
> Wir halten die Hände unter den Wasserstrahl

und der Schmutz wird abgewaschen.
Wenn es heiß ist, gehen wir ins Schwimmbad.
Das kühle Wasser erfrischt uns.
Das Plantschen und Schwimmen macht viel Spaß.

Gott, wir danken dir für das Wasser.

Das Wasser hat Kraft.
Es treibt Mühlräder an und Maschinen.
Gesammelt in Talsperren strömt es durch Turbinen.
Sie liefern uns Strom für Licht und viele Geräte.

Gott, wir danken dir für das Wasser.

Gott, das Wasser ist für uns ein Zeichen,
dass du uns liebst.
Menschen werden mit Wasser getauft.
Dann wissen sie: Du bist für sie da - jetzt und in alle Zukunft,
Du bist für sie da, was auch kommen mag.

Gott, wir danken dir für das Wasser.

Amen.

Lied: Der Gottesdienst soll fröhlich sein (EG 169; KG 187; LJ 114 – Strophen 1-3)

Wasser-Erfahrungen an Stationen im Gottesdienstraum

Hinführung

Mitarbeiter/in: Wir denken heute daran, dass wir getauft sind. Wir alle wissen: Getauft wird man mit Wasser. Und das hat gute Gründe. Darüber werden wir gleich noch mehr erfahren. Zunächst einmal wollen wir euch einladen, zu den fünf Stationen hier im Gottesdienstraum zu gehen. Da könnt ihr probieren, was Wasser kann. Wenn an einer Station zuviel los ist, könnt ihr zuerst woanders hingehen. Die Reihenfolge ist egal.

(Die Teilnehmenden suchen die fünf Stationen nacheinander auf.)

- Wasser trinken,
- Hände waschen,
- Wasser auf durchlöcherten Stein gießen,
- Mühlrad in Bewegung setzen,
- Zusammengefaltete Papierrose wird mit Buntstiften verziert und in ein Wasserbecken gesetzt. Wenn sie aufgeht, wird ein Taufbild sichtbar. Schiffchen falten.

Lied: Halleluja – Suchet zuerst Gottes Reich (EG 182; LJ 128 - Strophen 1-3)

Deutung

Liturg/in: Wir taufen mit Wasser. Warum gerade mit Wasser? Das Wasser kann uns einiges über die Bedeutung der Taufe sagen:

1. Station: Wasser ist wichtig.

Ohne Wasser gäbe es kein Leben. Ein Mensch kann lange ohne Essen auskommen. Aber er kann nur wenige Tage leben, ohne zu trinken. Weil Wasser so wichtig ist, ist es das Zeichen für die Taufe. Das soll uns sagen: So wichtig, wie das Wasser für unser Leben ist, so wichtig ist auch das, was in der Taufe geschieht.

2. Station: Wasser reinigt.

Ihr habt euch die Hände gewaschen. So werden sie sauber. Das Wasser der Taufe soll uns zeigen: Wir Menschen werden im Laufe unseres Lebens schuldig. Wir machen Fehler. Wir sündigen. Aber Gott vergibt uns unsere Schuld. Er nimmt sie weg, so wie Wasser den Schmutz wegnimmt.

3. Station: Wasser siegt.

Wir haben einen Stein mit Wasser übergossen. Damit wollten wir etwas zeigen, was man an dem Stein sehen kann. Im Laufe vieler, vieler Jahre, Jahrzehnte, vielleicht Jahrhunderte hat der Stein Löcher bekommen. Das hat das Wasser gemacht. Steter Tropfen höhlt den Stein. Wasser siegt. Das Wasser der Taufe zeigt: Gott siegt. Jesus besiegt den Tod.

4. Station: Wasser hat Kraft.

Ihr habt ein kleines Mühlrad mit ein wenig Wasser in Gang gesetzt. Ein Fluss hat die Kraft, sogar große Mühlräder anzutreiben. Das Wasser der Taufe will uns sagen: So wie das Wasser viel bewegen kann, so soll das auch bei euch sein. Ihr könnt etwas bewegen. Ihr könnt Dinge in Gang bringen. Ihr könnt viel Gutes bewirken. Die Taufe will uns ermutigen, unser Christ-Sein in die Tat umzusetzen.

5. Station: Wasser trägt und macht froh.

Ihr habt kleine Papierrosen aufgehen lassen. Das ist schön und ihr habt euch daran gefreut. Wasser macht froh. Wer schon einmal im Schwimmbad war, der weiß das. Aber dort ist noch etwas anderes zu merken: Bei den Schiffchen wurde das ganz deutlich: Wasser trägt. Aber wer schwimmen lernt, der merkt zuerst etwas anderes: Erst einmal hat man Angst vor dem Wasser. Man hat Angst darin unterzugehen. Aber dann merkt man allmählich: Wasser trägt. Das Wasser der Taufe will uns etwas ganz Ähnliches sagen. In unserem Leben überkommt uns manchmal Angst. Es gibt da Vieles, was uns Sorgen machen kann. Aber wir sollen wissen: Wir werden von Gottes Liebe getragen. Deshalb konntet ihr in der aufgehenden Rose das Bild einer Taufe sehen.

Lied: Halleluja – Suchet zuerst Gottes Reich (EG 182; LJ 128 - Strophen 4-5)

Weiterführung
Jesus hat seine Freunde, die Jünger, beauftragt zu taufen. Er hat das getan, als er sie verließ, um zu seinem Vater zurückzukehren. Wir wollen euch davon in unserem Spiel erzählen.

Sprechspiel: Taufauftrag, Segen und Himmelfahrt (Lukas 24,36-51)

Erzähler/in: Jesus hat seinen Freunden einmal gesagt: Auf mich könnt ihr euch verlassen. Auch wenn ihr mich nicht seht. Eines Tages wurden sie an diese Worte erinnert. Sie waren mit Jesus zusammen auf einem hohen Berg.

Bartholomäus: Kleophas, weißt du, warum wir hier auf diesem Berg sind? Wegen der schönen Aussicht kann es ja wohl nicht sein.

Kleophas: Da hast du recht. Wir sind umgeben von Wolken. Man kann nur ein paar Meter weit sehen. Das Tal unten ist gar nicht zu sehen. Selbst dich kann ich kaum sehen, wenn eine Nebelschwade vorbeizieht. Dabei stehst du nur wenige Schritte von mir entfernt.

Jesus: Meine lieben Freunde! Ihr fragt, weshalb wir hier oben auf den Berg gegangen sind? Die Zeit ist gekommen, wo ich von euch fortgehe. Ich werde nun zurückkehren zu meinem Vater im Himmel. Ihr werdet mich von nun an nicht mehr sehen können.

Bartholomäus: Und was wird aus uns – ohne dich?

Jesus: Für euch habe ich einen Auftrag. Ihr sollt den Menschen alles erzählen, was ihr mit mir zusammen erlebt habt. Dann werden sie auch so an mich glauben, wie ihr das tut. Ich will euch genau sagen, was ihr tun sollt. Und das sollt ihr ernst nehmen. Ihr sollt die Menschen taufen. Nehmt Wasser und tauft sie auf den Namen Gottes, des Vaters und des Sohnes und des Heiligen Geistes. Alle, die getauft sind, sollen dann so leben, wie ich es euch gesagt und vorgelebt habe.

Kleophas: Meinst du denn, das können wir so ganz allein – ohne dich?

Jesus: Ihr werdet nicht allein sein. Ihr werdet merken: Ich bin bei euch – auch, wenn ihr mich nicht seht. Ihr werdet spüren, dass ich da bin. Ich bin bei euch alle Tage, jeden Tag neu.

Bartholomäus: Und wie können wir das spüren?

Kleophas: Kannst du uns ein Zeichen geben, an dem wir das merken können?

Jesus: Ich will euch segnen. Das wird euch Kraft und Mut geben.

Erzähler/in: Und Jesus segnete sie. Als er sie gesegnet hatte, kam eine große Wolke. Sie hüllte ihn ein, sodass man ihn nicht mehr sehen konnte. Die Jünger aber gingen vom Berg hinunter und taten alles, was Jesus ihnen gesagt hatte. Sie erzählten den Menschen von Jesus. Sie tauften die Menschen. Dabei spürten sie: Jesus ist uns nah.

Lied: Ich bin getauft auf deinen Namen (EG 200,1.4)

Tauferinnerungshandlung

Die Tauferinnerungskinder schöpfen aus einem bereitstehenden Wassergefäß mit Bechern Wasser in das Taufbecken. Jedes Tauferinnerungskind wird (einzeln) mit seinen Eltern und Paten an das Taufbecken gebeten.
Es wird dort daran erinnert, dass es getauft wurde, und bekommt ein Kreuz mit Wasser in die Handfläche gemalt und ein persönliches Segenswort zugesprochen.
Anschließend wird die Taufkerze des Kindes an der Osterkerze entzündet. Wer keine Taufkerze hat, bekommt nun eine geschenkt.

Gebet

Heiliger Gott,
durch die Taufe gehören wir zu dir.
Das macht uns froh.
Lass uns nie vergessen, dass wir getauft sind.
Gib uns die Kraft so zu leben, wie es dir recht ist.
Wir danken dir, dass wir mit allem, was uns bedrückt,
zu dir kommen können.
Das macht uns Mut.
Amen.

Vaterunser

Segen

Geht mit der Einsicht, dass Jesus euch bei seinem Namen gerufen hat und ihr zu ihm gehört.

Alle: Ja, Amen.

Geht mit der Absicht, ihm euren Dank zu sagen mit Worten und Taten, mit Händen und Füßen.

Alle: Ja, Amen.

Geht mit der Aussicht, dass Jesus bei euch ist bis ans Ende der Welt.

Alle: Ja, Amen.

Und der Friede Gottes, der all unsere Vernunft übersteigt, bewahre eure Herzen und Sinne in Christus Jesus, unserem Herrn. Amen.

Segenszuspruch an Stationen auf dem Lebensweg

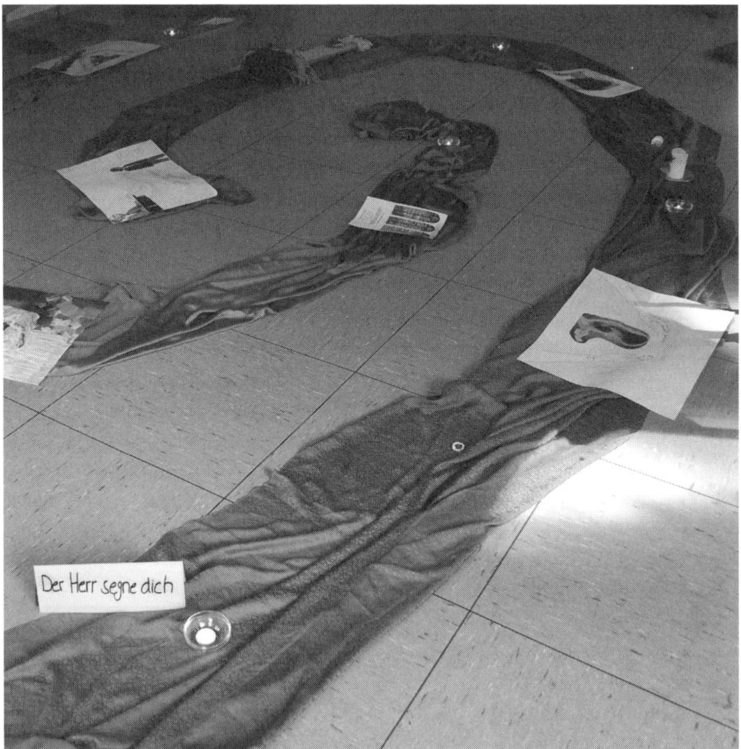

Zeichenhandlung und Segensworte zur Taufe

VORBEMERKUNGEN

Thema
Was die Taufe bedeutet.

Darbietung
Wassermeditation mit Bibelworten beim Eingießen des Taufwassers in das Taufbecken.

Zielgruppe
Tauffamilie und Gemeinde im Gottesdienst

Material
Taufbecken, Wasserkanne, Osterkerze, Taufkerze.

Vorbereitung
Das Taufbecken ist leer. Gefüllte Wasserkanne bereitstellen. Osterkerze neben das Taufbecken stellen und anzünden. Taufkerze für Täufling.

ABLAUF DES GOTTESDIENSTES

(Die Tauffamilie kommt mit dem Täufling zum Taufbecken. Innerhalb der ortsüblichen Taufliturgie folgt:)

Wassermeditation beim Eingießen des Wassers

(evtl. durch älteres Kind oder Eltern, sonst Liturg/in)

Liturg/in:
Getauft werden – das bedeutet: Gott spricht: Ich habe dich bei deinem Namen gerufen. Du bist mein. *(Wasser eingießen.)*

Getauft werden – das bedeutet: Gott spricht: Ich bin bei dir alle Tage.
(Wasser eingießen.)

Getauft werden – das bedeutet: Gott sagt: Nichts kann dich trennen von meiner Liebe. *(Wasser eingießen.)*

Getauft werden – das bedeutet: Gott sagt: Fürchte dich nicht, denn ich bin bei dir und will dich segnen. *(Wasser eingießen.)*

Taufe

NN, ich taufe dich im Namen Gottes, des Vaters und des Sohnes und des Heiligen Geistes. Amen.

Taufspruch

z.B.: *Gott hat seinen Engel befohlen über dir,*
dass sie dich behüten auf allen deinen Wegen.

Segensgebet nach Psalm 23

(Evtl. von Eltern oder Paten gesprochen.)

Der Herr ist dein Hirte, nichts möge dir fehlen.

Er gebe acht auf dich, wo immer du hingehst.
Er führe dich auf seinen Wegen.

Wenn Dunkles und Schweres dir begegnet, so sei er dein Trost.

Er schütze dich, und lasse dich zufrieden sein.

Seine Freundlichkeit sei dir nah alle Tage deines Lebens.

Bei ihm mögest du geborgen sein, jetzt und für alle Zeit.
Amen.

Segen zum Abschluss der Taufe

Liturg/in:
NN. Gott sei mit dir mit seinem Segen. Er helfe dir, ihm immer zu vertrauen.

Gott segne euch Eltern. Er helfe euch, gute Wegbegleiter für euer Kind zu sein. Er helfe euch, eurem Kind den christlichen Glauben nahezubringen.

Gott segne euch Paten. Er helfe euch, die jetzt übernommene Aufgabe gut zu erfüllen.

Gott segne uns alle. Er helfe uns nach Jesu Vorbild und Gottes Willen zu leben. Er helfe uns, den Kindern Freunde und Helfer zu sein. Er helfe uns, eine Gemeinde zu sein, in der Gottes Liebe spürbar wird. Amen.

(Frei nach Christian Zippert)

Anzünden der Taufkerze

(Die Taufkerze wird überreicht bzw. von der Tauffamilie bereitgehalten. Liturg/in zündet Taufkerze an der Osterkerze an.)

Liturg/in:
Jesus Christus spricht: Ich bin das Licht der Welt. Wer an mich glaubt, der wird nicht im Finstern gehen, sondern das Licht des Lebens haben.
Als Erinnerung an diese Tauffeier können Sie die Taufkerze am Jahrestag der Taufe und vielleicht auch am Geburtstag anzünden und davon erzählen, wie es bei der Taufe gewesen ist und was sie bedeutet. So geht nun hin im Frieden des Herrn! Der Herr sei mit euch!
Amen.

Konfirmation: Gottes Segen auf dem Lebensweg

Ich will dich segnen und du sollst ein Segen sein
(1. Mose 12,2)

VORBEMERKUNGEN

Thema
Gottes Segen auf dem Lebensweg vertrauen.

Darbietung
Predigt und Linolschnitt mit Segenssymbol, Tonkachel mit demselben Motiv als Erinnerung an die Einsegnung

Zielgruppe: Konfirmandinnen und Konfirmanden, Gemeinde

(Kachel ungebrannt)

Vorbereitung
Der Konfirmation ging eine Konfirmandenfreizeit voran, in der die Geschichte von Abraham im Mittelpunkt stand. In dieser Freizeit konnte jede/r eine einfache Gestaltung aus ungebranntem Ton zum Thema: „Gott ist für mich wie …" versuchen. Die Töpferarbeiten wurden bei der Konfirmation im Vorraum der Kirche ausgestellt. In der Predigt wird darauf Bezug genommen.
Als Erinnerung an die Konfirmation wurde von mir ein Linolschnitt angefertigt, auf dem der Regenbogen mit zwei Segenshänden als Gottes Segenszeichen angedeutet wird. Es ist ein Weg zu sehen, an dem die Symbole für das Abendmahl in Form von Brot und Kelch abgebildet sind. Davon wurde ein Linolabdruck für das Liedblatt bei der Konfirmation gemacht.
Außerdem wurde die Darstellung auf der Linolschnittplatte in feuchtem Ton in der nötigen Anzahl abgedrückt und als Tonkachel gebrannt. Im Anschluss an die Einsegnung wurden die Kacheln zusammen mit der Konfirmationsurkunde überreicht.
Ausführliche Anleitungen zum Linolschnitt und Druck, sowie der Herstellung der Tonkachel finden sich im Anhang: Kreatives zum Segen (S. 156).

PREDIGT

Liebe Konfirmandinnen und Konfirmanden, liebe Eltern und Paten! Liebe Gemeinde!

Früher hat man die Konfirmation häufig anders genannt als heute. Früher hat man von der Einsegnung gesprochen. Heute ist dieses Wort ungebräuchlich geworden. Einsegnung! Das Wort hat aber etwas! Es macht nämlich deutlich, worum es heute geht. Es geht darum, dass ihr, liebe Konfirmandinnen und Konfirmanden, für eu-

ren Lebensweg Gott um seinen Segen bittet und diesen Segen Gottes in unserem Gottesdienst zugesprochen bekommt. Es geht darum, dass ihr euch eurerseits vornehmt, dass ihr euren Lebensweg als Christen gehen wollt. Man kann das, worum es in der Konfirmation geht, also in fünf Worten zusammenfassen: Es geht um Gottes Segen. Heute wird auf herausgehobene Weise deutlich, was eigentlich für alle Tage unseres Lebens gilt. Gottes Segen begleitet uns. Wir sollen ihn nicht nur empfangen, sondern ihn auch weitergeben.
Das kann uns beispielhaft deutlich werden an einer Gestalt aus der Bibel. Im ersten Buch Mose sagt Gott zu Abraham: „Ich will dich segnen, und du sollst ein Segen sein." Diese Worte gelten Abraham. Wir haben in der Konfirmandenfreizeit von seinem Weg gehört, den er im Vertrauen auf Gott gegangen ist. Wir haben davon gehört, dass Gott ihn gesegnet und ihn beauftragt hat, selbst segensreich für andere zu sein. Das gilt nun nicht nur für Abraham. Diese Segenszusage Gottes gilt auch uns. Denn Gott hat gesagt: In dir, Abraham, sollen alle gesegnet sein, alle Völker.

Der Segen ist eine Gabe Gottes. Wir können ihn uns nicht verdienen. Wir können ihn mit keinem Geld der Welt kaufen. Segen ist etwas, was wir geschenkt und zugesprochen bekommen. Wenn wir euch heute Gottes Segen wünschen und zusprechen, dann wünschen wir euch Gottes Begleitung und Schutz für euren Lebensweg. Wir wünschen euch auch, dass euer Leben mit Gottes Hilfe gelingt. Das hat keiner von uns selbst in der Hand. Aber wir können darauf vertrauen, dass Gott uns auf unserem Lebensweg begleitet und seine Hand segnend über uns hält. Das, was heute im Gottesdienst geschieht, will diesen Segen, der unsichtbar und doch so wichtig ist, erfahrbar machen. Es gibt im Gottesdienst eine kleine Geste, die das zum Ausdruck bringt. Ich werde euch nachher die Hand auflegen und euch dabei den Segen zusprechen. Das Handauflegen ist ein äußeres Zeichen für das, was Gott unsichtbar tut. Es macht Gottes Segen deutlich. Er hält nämlich seine Hand über dir dein Leben lang. Er ist bei dir mit seinem Segen.

Dass ihr euch solche Begleitung und Schutz durch Gott wünscht, das habt ihr in unserer Freizeit mit euren Töpferarbeiten zum Ausdruck gebracht, als wir jeder/m von euch einen Klumpen Ton in die Hand gegeben haben. Was Gott für uns bedeutet und tut, das habt ihr darin zum Ausdruck gebracht. Da hat eine/r ein Haus getöpfert, das uns Menschen Schutz bietet. Ein anderer/eine andere hat eine Hand geformt und gesagt: Gottes Hände sind immer für mich da. Noch ein anderer hat einen Vogel im Nest geformt und dazu geschrieben: Bei Gott bin ich geborgen wie ein Vogel im Nest. Auch ein Kreuz ist von euch getöpfert worden, als Symbol für alles was Gott durch das Leben, das Sterben und die Auferstehung Jesu Christi für uns getan hat. Das alles sind in der Tat Bilder für den Segen Gottes, der uns Menschen gilt.

Was Gott für uns getan hat und noch tut, das bedenken wir oft viel zu wenig. Ich will etwas, was am heutigen Tag geschieht, als Beispiel nehmen. Ihr werdet heute mit Sicherheit viel geschenkt bekommen. Und hoffentlich werdet ihr euch dafür auch bedanken. Geschenke können ein Gleichnis sein für das, was Gott für uns tut. Er schenkt uns nämlich die Zeit unseres Lebens. Er schenkt uns alles, was wir zum Leben brauchen. Wir können und sollen ihm dafür dankbar sein.

Der beste Dank für den Segen, den er uns schenkt, besteht nun darin, dass wir selbst versuchen, für andere ein Segen zu sein und segensreich und hilfreich zu handeln. Es ist Jesus Christus gewesen, der uns in seinem Leben gezeigt hat, worin segensreiches Handeln besteht. Es besteht darin, nicht nur an sich selbst zu denken, sondern auch für andere da zu sein: für andere ein offenes Ohr zu haben, zu helfen, sich dem Mitmenschen zu öffnen. Jesus Christus hat uns aufgetragen, sich an ihm ein Beispiel zu nehmen.

Übrigens, unterwegs auf dem Lebensweg können wir Gottes Segen ganz deutlich spüren. Ich spreche vom Abendmahl, das wir nachher auch in diesem Gottesdienst feiern. Im Abendmahl ist der Segen Gottes im wahrsten Sinne des Wortes greifbar im Brot und im Wein. So wie Speise und Trank uns am Leben erhalten, so gibt uns das Abendmahl Kraft für unsere Seele. Auch das ist eine Wirkung von Gottes Segen.

Als Erinnerung an den heutigen Tag möchte ich euch nachher etwas schenken. Es ist eine kleine Tontafel, die ich für jeden von euch gemacht habe.

Sie enthält die heutige Predigt in Form eines Bildes: Da ist ein Weg zu sehen, über dem sich das Symbol für Gottes Segen befindet: Ein Regenbogen aus dem zwei segnende Händen hervorkommen und andeuten: Gottes Hände segnen dich. Als Stärkung und Wegzehrung für den Lebensweg sind darunter Brot und Wein zu sehen.
Wir werden euch dieses kleine Tontäfelchen nach der Einsegnung schenken, in der Hoffnung, dass es euch eine Hilfe ist für euren Lebensweg und euch gewiss macht, dass Gottes Segen nicht nur für den Lebensweg gilt, sondern sogar bis in Gottes Ewigkeit hinüberträgt.
Amen.

(Die oben erwähnte Konfirmandenfreizeit wird im Kapitel: »Segen in besonderer Form« ausführlich dargestellt.)

Predigt und Segenszuspruch im Gottesdienst zur Trauung

(Hebräer 10,24)

VORBEMERKUNGEN

Thema
Achtsam miteinander umgehen in Liebe.

Darbietung
Zwei kleinere Schalen, eine größere Schale mit Regenbogen über zwei Ringen werden als Symbol für die Ehe überreicht und gedeutet.
Alternative: zwei Glasschälchen, eine größere Glasschale für eine Kerze, die mit dem Regenbogen und den Ringen verziert ist.
(Statt Tonschalen kann man auch Porzellanschalen nehmen, die mit handelsüblichen Porzellanfarben bemalt und im Backofen gebrannt werden.)

Vorbereitung
Schalen herstellen.
Als Alternative: drei Glasschälchen (oder: Porzellanschalen und -farben) besorgen, Kerze verzieren.
Anleitung dazu: siehe Taufansprache zur Geschichte von Noah und dem Regenbogen (S. 30)

ANSPRACHE

Liebe A., lieber St.!
Als Trauspruch habt ihr euch – wie man das heute so macht – einen Bibelvers im Internet gesucht. Er steht in der Bibel ziemlich weit hinten, nämlich im Hebräerbrief. Da lesen wir:

Lasst uns aufeinander achten und uns zur Liebe und zu guten Werken anspornen.
(Hebr. 10,24)

Das also steht ziemlich weit hinten in der Bibel. Es ist aber deshalb keineswegs unwichtiger als das, was vorne in der Bibel zu finden ist:
Ganz vorne in der Bibel auf den ersten Seiten wird uns nämlich erzählt, dass Gott den Menschen als Mann und Frau erschaffen hat. Es ist nicht gut, dass der Mensch allein sei – wird da gesagt. Wir sind also auf das Miteinander mit dem anderen Menschen von Anbeginn angelegt.
Ich finde es gut, dass die Bibel das nicht in trockenen Glaubenssätzen ausdrückt, sondern in eine Geschichte gekleidet erzählt. Deshalb wird uns da gesagt, dass Adam ganz verblüfft ist, als er Eva zum ersten Mal sieht. Ganz erstaunt ruft: »Ja, die

ist es! Diese Frau soll an meiner Seite sein! Zusammen wollen wir durch das Leben gehen!« In Luthers Übersetzung der Bibel heißt das dann so: »Das ist Fleisch von meinem Fleisch!«
Nun war das bei Euch beiden - wie wir wissen – etwas anders. Ihr hattet es nicht so gut wie Adam und Eva, denn Gott hat Adam und Eva sofort zusammengeführt. Euch beiden ist es da anders gegangen. Nach dem ersten Kennenlernen habt ihr euch nur langsam - aber dafür auch stetig – immer mehr angenähert bis hin zu dem Entschluss: Ja, wir wollen heiraten und den Weg durchs Leben gemeinsam gehen!

Damit es nachhaltig wird, habe ich euch etwas mitgebracht, das euch immer wieder an diesen Tag und die kirchliche Trauung erinnern kann. Es sind diese drei Schalen hier. Ich habe sie für euch getöpfert. Und das aus folgendem Grund: Als ich hörte, wohin euch eure Hochzeitsreise führt, da fiel mir ein, dass es in Ostasien einen Hochzeitsbrauch gibt, in dem drei Schalen eine Rolle spielen. An diesen Brauch möchte ich jetzt anknüpfen und ihn für euch neu ausdeuten.
Da sind zunächst die zwei kleineren Schalen: Sie stehen für euch, die eine für dich, A.; die andere für dich, St.! Sie stehen für alles, was jeden von euch ausmacht, mit seinen Gedanken, seinem Wesen, seinen Eigenschaften. Deshalb sind die beiden Schalen auch nicht gleich gestaltet. Denn ihr kommt aus unterschiedlichen Familien, aus unterschiedlichen Traditionen mit allem, was euch so geprägt hat, wie ihr seid.

Dann ist da noch das dritte Gefäß. Es ist größer als die beiden anderen. Das steht für euch beide. Es steht für eure gemeinsame bisherige Geschichte, euer Kennenlernen, eure Liebe zueinander. Aber natürlich vor allem für den Entschluss, zu heiraten, für eure Träume, wie ihr euch die gemeinsame Zukunft vorstellt. Sie steht für euren gemeinsamen Weg bis hierher und für die Zukunft, die vor euch liegt. Dieses dritte Gefäß steht für all das, was ihr euch für eure Ehe vorgenommen habt. Ihr habt das zusammengefasst mit einem Satz aus der Bibel und mich gebeten, ihn für euch auszulegen. Er heißt:
Lasst uns aufeinander achten und uns zur Liebe und zu guten Werken anspornen.
Das erste, was da gesagt wird, ist: Aufeinander achten. Da ist nicht ein Beobachten mit Argusaugen gemeint, sondern gegenseitige Aufmerksamkeit für den anderen. Wir könnten auch sagen: Geht achtsam miteinander um! Das ist wichtig, denn es ist nicht so einfach, wenn aus zwei unterschiedlich geprägten Menschen eine Einheit werden soll - sie also eins werden sollen, wie es eben in der Lesung hieß. Hört also auf die Herztöne des Partners/der Partnerin.

Dann ist da noch der Satz, der euch ans Herz legt, dass ihr einander zur Liebe und zu guten Werken animieren sollt. Das bedeutet: Ihr sollt versuchen, nach Gottes Willen zu leben, Gutes zu tun, einander zu lieben und zu achten und immer wieder neu aufeinander zuzugehen.
Jesus hat uns das vorgelebt, indem er uns Menschen immer wieder neu annimmt,

auch wenn er an uns Fehler und Schuld sieht. Er ist uns in seiner Liebe treu geblieben bis in den Tod. Solche Liebe soll uns Menschen ein Vorbild sein.
In diesem Sinne will die große Schale mehr und mehr gefüllt sein.
Im Laufe der Zeit wird viel Gemeinsames von euch in die größere Schale hineinkommen. Vielleicht muss das Gefäß aber auch einiges aushalten. Das kann vorher niemand wissen. Ich bin aber sicher: Das kann es auch, wenn bei euch in eurer Ehe einer für den anderen da ist. Einander beistehen, den anderen nicht allein lassen – ich denke auch das ist mit eurem Trauspruch gemeint. Wenn es gelingt, dass ihr das immer wieder neu in die Tat umsetzt, dann kann das gemeinsame Gefäß viele Belastungen aushalten.

Allerdings ist dabei auch etwas anderes wichtig. Auch jedes der beiden kleineren Gefäße muss immer wieder neu gefüllt werden. Es muss gefüllt werden mit dem, was die eigene Entwicklung und was die eigene Seele nötig hat.
Aufeinander achten, das bedeutet also auch noch, dass das ICH des anderen sich so entfalten kann, wie es das braucht, allerdings mit einer Einschränkung: Entfaltung ja, aber ohne das ICH des Partners zu beeinträchtigen. Wenn jeder von euch sein eigenes ICH in diesem Sinne entfalten kann, dann wird sich zugleich das größere der Gefäße immer mehr mit gemeinsamem Glück füllen können.

Liebe A., lieber St.!
Ihr seid heute hier in die Kirche gekommen, um nach der standesamtlichen Trauung Gott um seinen Segen für euren Ehebund zu bitten. Für mich ist das ein Zeichen dafür, dass ihr die andere Dimension unseres menschlichen Lebens nicht aus den Augen verlieren wollt. Ich meine das Wirken Gottes in unserem Leben. Oft bleibt es unbemerkt. Manchmal erkennen wir es erst im Nachhinein. Aber es ist da. Ihr habt mir gesagt, dass es für euch sehr wichtig ist, diese Dimension von Anfang an in eurer Ehe mit dabei zu haben. Ihr bittet Gott um seinen Segen und Beistand für euren Ehebund.

Damit ihr das auch unterwegs auf eurem gemeinsamen Weg der Ehe immer wieder ganz deutlich vor Augen habt, habe ich die größere Schale – eure gemeinsame Schale - mit zwei Symbolen versehen: Da sind zunächst die zwei zusammengefügten Ringe. Sie stehen für euren heute geschlossenen Ehebund.
Dann ist da noch ein anderes Symbol über euren Ringen: Es ist ein Regenbogen. Der Regenbogen ist in der Bibel ein Zeichen dafür, dass Gott für uns Menschen da ist und uns beschützt, solange die Welt besteht. Der Regenbogen ist das Segenszeichen Gottes, dass die Zukunft in seiner Hand liegt, und dass er mit seinem Segen bei uns ist auf unserem Lebensweg.
Ihr bekommt nachher Gottes Segen durch mich zugesprochen. Das soll euch ein Zeichen dafür sein, dass Gott bei euch ist, jetzt und hier. Das soll euch zugleich daran erinnern, dass Gott von Anfang an für euch da war. Und so wie er früher da war, und

jetzt für euch da ist, so wird er auch in Zukunft mit seinem Segen bei euch sein. Das also will der Regenbogen in eurer gemeinsamen Schale euch sagen.
Als Erinnerung an diesen Gottesdienst möchte ich euch nun die drei Schalen schenken. Vielleicht findet gerade diese größere Schale in eurer Wohnung einen Platz, wo immer einmal wieder euer Blick darauf fällt – möglicherweise gerade dann, wenn die Erinnerung an das, was ihr euch mit der Wahl eures Trauspruchs vorgenommen habt, besonders nötig ist. Amen.

(Hochzeitschalen mit Motiv Regenbogen und Trauringen)

Segnung

Liturg/in: Reicht einander die rechte Hand!

Lasst uns für diese Brautleute zu Gott beten und um seinen Segen bitten!

Heiliger Gott!
Du hast Mann und Frau füreinander bestimmt. Wir bitten dich für diese Eheleute:
Hilf, dass sie unterwegs auf dem Weg der Ehe ihren Trauspruch nicht vergessen.
Hilf, dass sie aufeinander achten und achtsam miteinander umgehen.
Hilf, dass sie aneinander anspornen zur Liebe und zum Tun des Guten!
Bewahre sie in ihrer Ehe, sei mit ihnen auf dem gemeinsamen Weg, und erhalte sie in deiner Liebe.
Amen.

Segen nach dem Trauversprechen:
Der Segen Gottes, des Vaters, und des Sohnes und des Heiligen Geistes sei mit euch und bleibe bei euch.
Er bewahre euch vor allem Argen und helfe euch, alle eure Dinge in Liebe geschehen zu lassen. Amen.

Gottesdienst mit Ansprache und Segen zur Goldenen Hochzeit

(1. Mose 26,24)

VORBEMERKUNGEN

Thema
Dankbarkeit für Gottes Segen - und was Kirchenfenster über Gottes Segen sagen können.

Darbietung
Urkunde mit Abbildung der Kirchenfenster der Kirche am Bielert, Opladen
(Entwurf: Kurt Wolff, s. S. 109)

Alternative:
Set mit drei Postkarten: Chorfenster Bielertkirche von Kurt Wolff
(zu beziehen bei: Evangelische Kirchengemeinde Opladen; 51379 Leverkusen, Bielertstr. 16)

ANSPRACHE

Fürchte dich nicht, denn ich bin mit dir und will dich segnen! (1. Mose 26,24)

Liebes Goldhochzeitspaar,
vor genau 50 Jahren haben Sie beide diese Worte schon einmal gehört. Denn Sie haben sich diese Worte als Ihren Trauspruch gewählt.

Ihnen, Herr N., sind diese Worte seit Ihrer Konfirmation unvergesslich, waren es doch die Worte, die damals von Ihrem Konfirmator der ganzen Gruppe zugesprochen wurden. Es sind einfache, klare Worte. Es sind die Worte eines Mut machenden Segens. Ihr Konfirmator hat sie damals bewusst für die Gruppe ausgewählt, in der Sie eingesegnet wurden. – Denn sie sollten und mussten wegen eines Jungen, den Sie mit in die Gruppe genommen hatten, so einfach und klar wie möglich sein.
Und so haben sich diese Worte Ihnen tief eingeprägt. Sie sind Ihnen beiden seit der Hochzeit lieb und wert, sind Ihnen bei der Silberhochzeit wieder zugesprochen worden – also kurz gesagt: Es sind diese Segensworte, die Sie auf dem Lebensweg und dem Weg der Ehe begleitet haben.

Segen ist Begleitung und Geleit durch Gott. Das haben Sie auf Ihrem langen gemeinsamen Weg der Ehe oft gespürt und empfunden. Denn natürlich kann man es Zufall nennen, dass der Bußtag 1955 seinerzeit ein kalter und regnerischer Tag war. Vielleicht war es aber auch mehr!

Jedenfalls war es so: Sie hatten sich mit einer Gruppe von mehreren zu einer Wanderung verabredet. Aber weil es so ungemütlich kalt und regnerisch war, kamen zum verabredeten Zeitpunkt nur Sie beide, die anderen aber nicht.
Sie beide sind dann zwar auch nicht gewandert. Aber Sie haben zusammen einen Kaffee getrunken und sich unterhalten.
Das war der Anfang. Und was im Laufe der Zeit daraus geworden ist, das sehen wir ja heute. Sollen wir das noch Zufall nennen?
Ich denke jedenfalls, dass Gott in dem Geheimnis ist, dass Liebe zwischen zwei Menschen entsteht und sie ein Leben lang zusammenbleiben wollen.

Auf jeden Fall sind Sie beide, liebes Goldhochzeitspaar, Gott dankbar, dass Sie einander gefunden, einander geheiratet haben, und zusammengeblieben sind.

(Es folgen persönliche Worte zur Familiensituation.

Sie bringen die Dankbarkeit für dies alles heute vor Gott. Deshalb feiern wir Gottesdienst. Und wir feiern ihn in unserer Kirche, die Ihnen inzwischen genauso Heimat geworden ist wie diese Stadt, mit der Sie nun mehr als fünf Jahrzehnte verbunden sind. Ihr Weg in diese Stadt war beruflich bedingt. Und wir können im Rückblick auf die vielen Jahre sagen: Sie beide sind in der Stadt und in der Gemeinde heimisch geworden und haben sich hier nach Kräften zum Wohle der Stadt und der Gemeinde eingesetzt.

(Hier werden einige Beispiele genannt und es folgt ein Dank im Namen der Gemeinde.)

Sie sind Ihren Weg mit und unter dem Segen Gottes gemeinsam gegangen. Einer meiner theologischen Lehrer in Heidelberg hat einmal über den Segen gesagt: »Segen – das ist das stille, stetige Wirken Gottes, das oft unbemerkt bleibt.«
Nun ist es bei Ihnen und von Ihnen ja nicht unbemerkt geblieben, das Wirken des Segen Gottes – denn deshalb feiern Sie heute nicht nur im Kreise der Familie, sondern eben auch im Gottesdienst hier in der Kirche.
Aber es stimmt schon. Gottes Segen bleibt oft unbemerkt. Und wir müssten eigentlich öfter daran erinnert werden. Aber wie kann das geschehen?

Nun haben Sie mir bei meinem Besuch bei Ihnen ein Geschenk gemacht. Es ist der Kalender mit den Fenstern vieler Kirchen unserer Stadt. Das hat mich auf einen Gedanken gebracht: Es ist ein Vergleich, den ich Ihnen nahe bringen möchte.

Eigentlich können die Kirchenfenster uns nämlich immer wieder an den Segen Gottes erinnern. Denn in ihrer Mehrzahl zeigen sie Darstellungen von dem, was Gott für uns Menschen getan hat und noch tut. Sie führen es uns immer wieder vor Augen: So ist das jedenfalls bei den drei Fenstern unserer Kirche, die ich als Beispiel wählen will.

Chorfenster der Bielertkirche in Leverkusen-Opladen von Kurt Wolff

Sie sprechen von Gott, dem Schöpfer, der Leben schenkt und erhält. Sie sprechen von Jesus Christus, der am Kreuz alles aus dem Weg räumt, was uns den Zugang zu Gott versperren könnte. Und sie sprechen von Gottes Heiligem Geist, der Kraft also, die uns glauben hilft, Hoffnung verleiht, in Wort und Sakrament gegenwärtig ist und uns stärkt. Das alles ist nichts anderes als Erinnerung an den Segen Gottes, der uns auf diese Weise zuteil wird.

Aber Kirchenfenster – sogar die abstrakten – sagen uns noch mehr: Kirchenfenster sind transparent. Sie lassen Licht herein. Sie machen uns deutlich, dass es da draußen noch etwas anderes gibt als drinnen. Auf diese Weise können sie uns ein Bild sein für die Wirklichkeit Gottes, die in unsere Welt und in unser Leben hineinscheint und unser Leben mit ihrem Segen hell macht.
Wenn das aber so ist, dann gilt auch das andere: Wir Menschen empfangen Gottes

Segen, so wie die Kirchenfenster das Licht aufnehmen. Und so wie Kirchenfenster vom Licht durchstrahlt werden, so soll unser Leben transparent werden für Gott. Und das geschieht, indem wir unsererseits in unserem Leben segensreich wirken und damit den von Gott empfangenen Segen weitergeben an andere.
Wenn wir also demnächst ein Kirchenfenster sehen – vielleicht erinnern wir uns dann an diese Goldhochzeit und daran, dass Gott uns mit seinem Segen begleitet, dass er für uns da ist und das jeden Tag wieder neu.

Deshalb gilt, was Ihr Trauspruch sagt, liebes Goldhochzeitspaar, so wie damals auch heute und in Zukunft:
Was auch kommen mag: Fürchte dich nicht, denn ich bin bei dir und will dich segnen! Spricht Gott der Herr.
Amen.

Einsegnung

(Goldhochzeitspaar kommt zum Altar.)

Liebes Goldhochzeitspaar!
Gott hat euch 50 Jahre in eurer Ehe bewahrt. Von Gott beschützt und geleitet habt ihr Freude und Leid miteinander geteilt. Deshalb wollt ihr Gott danken und ihn um seinen Segen für den weiteren gemeinsamen Weg bitten. So reicht einander die rechte Hand!

Segen

So spricht Gott der Herr:
Fürchte dich nicht, denn ich bin mit dir und will dich segnen!

Der Segen Gottes, des Vaters und des Sohnes und des Heiligen Geistes sei mit euch und bleibe bei euch, jetzt und allezeit. Amen.

(Gratulation und Überreichung der Urkunde mit Abbildung der Kirchenfenster.)

Andacht bei der Aufbahrung mit Abschiedssegen

VORBEMERKUNGEN

Thema
Stiller Abschied im kleinen Kreis.

Situation
Nur noch selten kann eine Andacht am Totenbett stattfinden. Meist findet eine Aufbahrung beim Bestatter oder – falls vorhanden – im Verabschiedungsraum des Krankenhauses statt. Diese Andacht wurde im Bestattungsinstitut gefeiert. Es waren nur die engsten Familienmitglieder anwesend. Zur Trauerfeier am nächsten Tag wurden sehr viele Trauergäste erwartet.

ANDACHT

Liturg/in:
Im Namen Gottes, des Vaters und des Sohnes und des Heiligen Geistes. Amen. Unsere Hilfe steht im Namen des Herrn, der Himmel und Erde gemacht hat.

Wir sind hier im Kreis der Familie zusammen bei NN., um ihn – den Ehemann, den Vater und Schwiegervater und Großvater, vor der Beerdigung noch einmal im kleinen, stillen Kreis zu sehen und bei ihm zu sein.

Wir wollen ihn dem Segen Gottes anvertrauen.
- Wir wissen, dass wir ihn loslassen müssen.
- Aber wir wissen auch, dass Gott ihn in seinem Leben geführt und behütet hat.
- Das wollen wir bei aller Trauer bedenken. Und: Wir wollen die Dankbarkeit für ihn und sein Leben nicht vergessen!
- Wir wollen versuchen, in den alten Worten aus Psalm 121 Trost zu finden, die er geliebt hat und für den Fall seines Todes schon vor einigen Jahren ausgesucht hat. Da heißt es:

Ich hebe meine Augen auf zu den Bergen.
Woher kommt mir Hilfe?
Meine Hilfe kommt von dem Herrn, der Himmel und Erde gemacht hat.
Der dich behütet, schläft nicht.
Der Herr behütet dich.
Er behüte deine Seele.
Der Herr behüte deinen Ausgang und Eingang von nun an bis in Ewigkeit.
Amen.

Ich lese jetzt für uns ein Hoffnungswort aus dem Johannesevangelium:

Christus spricht:
Euer Herz erschrecke nicht!
Glaubt an Gott und glaubt an mich!
In meines Vaters Haus sind viele Wohnungen.
Wenn's nicht so wäre, hätte ich dann zu euch gesagt:
Ich gehe hin, euch die Stätte zu bereiten?
Und wenn ich hingehe, euch die Stätte zu bereiten,
so will ich wiederkommen und euch zu mir nehmen,
damit ihr seid, wo ich bin.
(Johannes 14,1–3)

Zu den vielen Gedichten, die NN. auswendig konnte und die er nicht nur in den letzten Wochen immer wieder gerne hörte und mitsprach, zählt auch ein Gedicht – ein Lied – von Dietrich Bonhoeffer:

Von guten Mächten wunderbar geborgen,
erwarten wir getrost, was kommen mag.
Gott ist bei uns am Abend und am Morgen
und ganz gewiss an jedem neuen Tag.

Und reichst du uns den schweren Kelch, den bittern
des Leids, gefüllt bis an den höchsten Rand,
so nehmen wir ihn dankbar ohne Zittern
aus deiner guten und geliebten Hand.

Wenn sich die Stille nun tief um uns breitet,
so lass uns hören jenen vollen Klang
der Welt, die unsichtbar sich um uns weitet,
all deiner Kinder hohen Lobgesang.
(EG 65,7.3.6, © Gütersloher Verlagshaus)

Abschiedssegen
(unter Handauflegung)

Lasst uns nun Abschied nehmen von NN.
und in der Stille bedenken, was uns mit ihm verbindet.

- Wir denken an die Liebe, die wir empfangen haben, und die wir ihm geschenkt haben.
- Wir denken an gute Zeiten und an Zeiten, in denen wir es schwer miteinander hatten.
- So nehmen wir Abschied mit Dank für das, was war,
  und bitten um den Frieden Gottes für das, was kommt.

- Gott der Vater und der Sohn und der Heilige Geist
  geleite dich durch das Dunkel des Todes.
- Er behüte deinen Ausgang und Eingang von nun an bis in Ewigkeit.

Amen.

Die Angehörigen können nun still (mit Handauflegung) Abschied nehmen oder ein Segenswort sprechen.

Stilles Gebet

Lasst uns gemeinsam beten, so wie Jesus Christus uns gelehrt hat:

Vater unser im Himmel.
Geheiligt werde dein Name.
Dein Reich komme.
Dein Wille geschehe, wie im Himmel, so auf Erden.
Unser tägliches Brot gib uns heute.
Und vergib uns unsere Schuld,
wie auch wir vergeben unsern Schuldigern.
Und führe uns nicht in Versuchung,
sondern erlöse uns von dem Bösen.
Denn dein ist das Reich
und die Kraft
und die Herrlichkeit in Ewigkeit.
Amen.

Segensbitte

Gott, gib uns jetzt Kraft –
Kraft, uns aus dem Vergangenen zu lösen,
Kraft, unsere Gefühle und Gedanken zu ordnen.

Der Herr segne uns und behüte uns.
Der Herr lasse sein Angesicht leuchten über uns und sei uns gnädig.
Der Herr erhebe sein Angesicht auf uns und gebe uns Frieden. Amen.

Gott schenke uns Kraft für die Tage und Wochen, die vor uns liegen – Kraft durch das Wissen:

Gott ist bei uns am Abend und am Morgen und ganz gewiss an jedem neuen Tag.
Und der Friede Gottes, der höher ist als alle Vernunft, sei unsere Zuversicht und unser Trost.
Amen.

Der Aaronitische Segen

Ansprache zur Trauerfeier
(4. Mose 6,24-26)

VORBEMERKUNGEN

Thema
Trost durch den Schlusssegen aus dem Gottesdienst.

Situation
Es war ein Wunsch der Angehörigen, dass die Worte des Schlusssegens aus dem Gottesdienst der Ansprache bei der Trauerfeier zugrunde liegen sollten. Diese Worte waren auch auf der Traueranzeige abgedruckt. Im Trauergespräch wurde deutlich, dass vor allem das Bildwort vom Leuchten des Angesichtes Gottes für die Angehörigen tröstlich sein könnte.

ANSPRACHE

Der Herr segne dich und behüte dich.
Der Herr lasse sein Angesicht leuchten über dir und sei dir gnädig.
Der Herr erhebe sein Angesicht über dich und gebe dir Frieden.
(4. Mose 6,24-26)

Liebe Trauernden!
Diese Worte aus dem sogenannten Aaronitischen Segen haben über der Traueranzeige von NN. gestanden. Sie, liebe Angehörige, haben diese Worte mit Bedacht ausgewählt – als Bitte um Gottes Geleit für unseren Verstorbenen auf seinem Weg in Gottes ewiges Reich. Wir wollen diese Worte in dieser Stunde des Abschieds miteinander als Trostworte bedenken.
Es sind ursprünglich Worte, die Gott Aaron ans Herz legt. Er soll sie über dem Volk Gottes als Segenswort aussprechen: Die Worte dieses Segens sollen den Menschen eine Zusicherung sein, dass Gott mit seinem Beistand bei ihnen ist. So sind diese Worte die Worte des Segens in unseren Gottesdiensten geworden. Wir wollen sie in dieser Stunde der Aussegnung von NN. hören und bedenken als Worte, die uns Trost und Zuversicht geben wollen.

Der Trost, den diese Worte uns geben wollen, besteht zunächst in einem Bild. Wir können von Gott, seiner Gegenwart und seinem Wirken nur unvollkommen in unseren menschlichen und daher begrenzten Denkmustern reden – und deshalb sind wir auf Bilder angewiesen. Es ist das Bild vom Leuchten des Angesichtes Gottes, das uns in dieser Stunde vor Augen gestellt wird und uns Trost geben will. Gottes Licht leuchtet in die Dunkelheit unserer Trauer hinein. Es fällt Licht in unsere Dunkelheit, weil Gott sich uns zuwendet und das Licht seiner Gegenwart unsere Dunkelheit erhellen will. Es ist die Dunkelheit des Abschieds von einem geliebten Menschen, in die Gottes Licht hinein leuchten will, um uns Zuversicht zu geben. Es ist die Dunkelheit, die die Gedanken des Verlustes um uns legen, in die Gottes Licht hineinfallen soll.

Wir denken in dieser Stunde des Abschieds aber auch an die Dunkelheit, die sich in der letzten Zeit seit Entdeckung seiner Krankheit über das Leben unseres Verstorbenen und seiner Familie gelegt hatte. Es war eine schwere Zeit.
Aber es bedeutet für Sie Trost, dass Sie in seiner letzten Stunde, in der Sterbestunde, dabei sein konnten und das Empfinden hatten, dass er all das Dunkel der Krankheit nun hinter sich lassen kann, dass er loslassen kann und hinübergeht in Gottes Frieden.
Das Wissen darum, dass seit Jesu Auferstehung kein Grab auf immer dunkel bleiben wird, gibt uns Trost. Dieses Wissen kann uns das Fundament sein für unsere Hoffnung, von dem aus wir auf das Leben unseres Verstorbenen zurückblicken können, ohne in der Trauer verloren zu gehen.
(Hier folgt ein Abschnitt, in dem der Lebensweg des Verstorbenen in Grundzügen nachgezeichnet wird.)

So müssen wir nun das Leben unseres Verstorbenen und alles was es ausgemacht hat, in Gottes Hand zurücklegen. Wir tun das in der Hoffnung, dass Gottes Licht ihm leuchten möge in Ewigkeit. Wir tun das mit dem Dank für alles, was uns durch ihn und sein Leben gegeben war.
Wir tun das mit der Bitte um Gottes Segen von nun an bis in Ewigkeit:

Der Herr segne dich und behüte dich.
Der Herr lasse sein Angesicht leuchten über dir und sei dir gnädig.
Der Herr erhebe sein Angesicht über dich und gebe dir Frieden.
Amen.

Ich erfahre Gottes Segen, wenn nach/in schwierigen Zeiten Menschen in meiner Nähe sind, die mich verstehen und mich zur Ruhe kommen lassen.
Segen erfahren im Dunkel der Nacht, in Wüstenzeiten des Lebens.

Segen bei besonderen Veranstaltungen

Ein biblischer Segensweg

VORBEMERKUNGEN

Thema
Biblischen Geschichten und Bibelworten begegnen – eine Einladung zu persönlichen Erfahrungen mit dem Segen.

Darbietungsform
Geschichten vom Segen werden an mehreren Stationen in kreativen Präsentationen erlebbar.

Zielgruppe
Kinder, Jugendliche, Erwachsene z. B. bei einem Gemeindefest, Kindergottesdiensttag, einer Kinderbibelwoche (z.B. mit Elementen der Kinderfreizeit kombiniert; siehe dort!)

Material
Wird bei den einzelnen Stationen beschrieben.

Vorbereitung
Planung, Aufbau und Durchführung des Segensweges sind aufwändig. Für die Durchführung sind viele Mitarbeitende nötig, die den Segensweg z. B. bei einem Gemeindefest als offenes Angebot mehrere Stunden betreuen. Zu bedenken ist bei der Planung, dass der Segensweg viel Platz benötigt und eine ruhige Atmosphäre hilfreich ist.

Einrichtung der Stationen
Hocker oder kleiner Tisch mit Tischtuch, Kerze und dem Bibelwort (der Kernaussage der Station), Streichhölzer.
Die Details der Vorbereitungen finden sich bei der Beschreibung der einzelnen Stationen.

STATIONENWEG

Begrüßung

Bevor die Gäste die erste Station aufsuchen, werden sie begrüßt. Ein Schild macht darauf aufmerksam, dass für den Stationenweg etwa 45 Minuten benötigt werden. Zugleich wird darauf geachtet, dass nur etwa sechs bis acht Gäste gleichzeitig den Weg beginnen (Abstand: vier bis fünf Minuten).

Mitarbeiter/in:
Herzlich willkommen! Wir begrüßen Sie/euch zu einem Weg zum Wort »Segen«.
Wir laden Sie/euch jetzt ein, sich auf den Weg zum Segen zu machen. Die Mitarbeiter/innen des Vorbereitungskreises haben diesen Segensweg vorbereitet, auf dem Sie/ihr vor allem Texten der Bibel begegnen werden. Die Geschichten werden auf unterschiedliche Weise präsentiert. Wir bitten Sie/euch um Offenheit für das was kommt.

1. Station – Meine Vorstellungen zum Begriff »Segen«

Material
- Karten DIN A6 mit Halbsatz: Gottes Segen ist für mich wie ...,
- Stifte zur Auswahl (Buntstifte, Filzstifte, Feinliner),
- Untergrund, um die Äußerungen darauf zu legen (z.B. Papierrolle).

a) Impuls durch Bilder
- Tisch für eine Anzahl symbolischer Bilder
  (z.B. aus Oberthür, Rainer: Die Symbolkartei, Kösel Verlag, München, 3. Aufl. 2013,
  ISBN: 978-3-466-37042-9
  Sie besteht aus 88 Bildern wie z.B. Kerze, Weg, Regenbogen, Hand ... Geeignet vor allem für Kinder und Jugendliche.)
- Tisch zum Schreiben

b) Impuls durch Halbsatz
- Plakate mit Halbsatz: Segen ist für mich (wie) ...,
- Tisch zum Schreiben.

Aufbau
- Tische für das Schreiben bereitstellen,
- Karten DIN A4 und Schreibutensilien bereitlegen.

Mitarbeiter/in:
Wir begrüßen Sie/euch zu einem Weg zum Wort »Segen«.
Jede/r von uns verbindet mit dem Wort »Segen« bestimmte Bilder oder Begriffe.
Wir haben zwei Tische vorbereitet. Auf dem einen Tisch liegen Bilder. Daraus kann man sich ein Bild auswählen und dazu aufschreiben, was es mit dem Segen zu tun haben könnte. Anschließend bitte das Bild wieder zurücklegen.

Auf dem anderen Tisch liegt ein Plakat mit einem angefangenen Satz: Segen ist für mich (wie) ...! Er soll dazu anregen aufzuschreiben, wie du/Sie sich den Segen vorstellen.

2. Station – Segen der Schöpfung

Kernaussage:
Und Gott schuf den Menschen zu seinem Bilde,
zum Bilde Gottes schuf er ihn;
und schuf sie als Mann und Frau.
Und Gott segnete sie.
(1. Mose 1,27-28a)

Material
- Text auf Standkarte: s.o. »Kernaussage«,
- schöne Schatzkiste mit Spiegel,
- beim Spiegel befindet sich der ausführliche Text (siehe unten) mit der Kernaussage,
- als Sichtschutz: Klappböcke auf Tisch mit Tüchern verhängt.

Aufbau
Schatzkiste mit Spiegel so anordnen, dass man sich nicht zu sehr über die Kiste beugen muss. Die Schatzkiste ist schön geschmückt und schon offen (Bild S. 21).

Mitarbeiter/in:
Herzlich willkommen! Ich habe dort eine Schatzkiste.
(Zeigt auf den abgedeckten Bereich.)
In der Schatzkiste ist etwas ganz Besonderes, etwas sehr, sehr Wertvolles und Kostbares. Jede/r darf sich das jetzt einzeln – der Reihe nach – ansehen.
Wer schon einen Blick darauf geworfen hat, verrät bitte nichts.
(Gäste einzeln an die Kiste leiten. Der/die Mitarbeiter/in steht so, dass der nächste Gast herbeigewinkt werden kann. Jüngeren Kindern ggf. den Text vorlesen.)

In der Bibel wird ganz zu Beginn erzählt,
wie Gott die Erde in sieben Tagen erschaffen hat
mit allem, was da wächst und gedeiht.

Für den sechsten Tag steht geschrieben:
Und Gott schuf den Menschen zu seinem Bilde,
zum Bilde Gottes schuf er ihn;
und schuf sie als Mann und Frau.
Und Gott segnete sie.
(1. Mose 1,27-28a)

Gott hat die Menschen gesegnet.
Gott hat seinen Segen mit in unser Leben hineingegeben.

Gott hat dir das Leben geschenkt.
Er hat dich so gemacht, wie du bist.
Genau so hat er dich gewollt.
Er segnet dein Wachsen und Reifen –
damit ist das äußere, für alle sichtbare Wachsen und Reifen gemeint
und das innere Wachsen und Reifen.

3. Station – Segen der Ruhe

Kernaussage:
Und Gott segnete den siebten Tag und heiligte ihn,
weil er an ihm ruhte von allen seinen Werken ...
(1. Mose 2,3)

Material
- Klangschale, Stühle,
- gestaltete Mitte mit Tüchern und Kerze,
- Text auf Standkarte: siehe »Kernaussage«,
- ausführlicher Text auf Handkarte für die Mitarbeitenden.

Aufbau
Stühle um die gestaltete Mitte stellen.

Mitarbeiter/in:
Ihr habt eben einige Elemente der Schöpfung erlebt.
Gottes Segen ruht auf der Schöpfung.
Ich lade euch nun zum siebten Tag ein.

(Wenn jeder seinen Platz gefunden hat, Klangschale anschlagen. Klangdauer ca. 25 sec., ggf. schon in den verklingenden Ton das Wort »Ruhe« hineinsprechen.)

Ruhe!

Tom ist sieben Jahre. Er sagt:
Ruhe ist für mich, wenn ich im Garten unter einem Baum liege
und durch die Blätter in den Himmel schaue.

Wo komme ich zur Ruhe?
Wie komme ich zur Ruhe?
Hat Ruhe in meinem Leben Platz?
(Zeit für Stille geben!)

(Klangschale anschlagen. Klangdauer ca. 25 sec., ggf. schon in den verklingenden Ton hineinsprechen.)

Und Gott segnete den siebten Tag und heiligte ihn,
weil er an ihm ruhte von allen seinen Werken,
die Gott geschaffen und gemacht hatte.
(1. Mose 2,3)

4. Station – Abraham

Kernaussage:
Ich will dich segnen ...
und du sollst ein Segen sein.
(1. Mose 12,2)

Material
- Sandsack
  (Bezugsquelle: Rheinischer Verband für Kindergottesdienst, www.kindergottesdienst.org),
- *Abraham und Sara-Figuren (Holzkegel oder Biegepuppen)*,*
- Tierfiguren: zwei Kamele (Best.-Nr. 1475)*,
- Zelt: rundes braunes Legetuch (gefaltet zum Viertel) oder Nomadenzelt (Best.-Nr. 1370)*,
- blaues Chiffontuch* mit aufgeklebten Sternen,
- Stühle, Text auf Standkarte: siehe »Kernaussage«.
  (*Zu beziehen bei: Verlag Junge Gemeinde, www.junge-gemeinde.de.)

Abraham mit Sandsack erzählt

Mitarbeiter/in:	
Die Wüste ist ein gefährlicher Ort.	*Sand mit einer Bewegung schieben. Finger zusammenhalten.*
Sie bietet auch Schutz und Zuflucht.	
Sie ist wandelbar.	*Strauch setzen.*
Manchmal ist sie ganz flach, dann erheben sich Hügel.	*Rechts vorne Hügel aufschieben.*
Das ist Abraham.	*Figur auf der Handfläche zeigen. Finger dabei zusammenhalten. Abraham nach links oben setzen.*
Und das ist seine Frau Sara.	*Sara neben Abraham setzen.*
Beide sind schon alt.	*(Figuren nicht am Kopf anfassen.)*
Sie haben keine Kinder. Und sie können auch keine Kinder mehr bekommen.	
Abraham ist sehr reich.	*Zwei Kamele gleichzeitig zeigen.*
Er hat viele Tiere.	*Tiere hinter Abraham und Sara setzen.*
Mit seinen Knechten, Mägden und Tieren zieht er durch die Wüste.	*Einen Knecht und eine Magd gleichzeitig zeigen. Alle vorwärts setzen. Mit Abraham beginnen.*
Jeden Abend bauen sie ihr Zelt auf.	*Vorne links das Zelt aufbauen. Tiere oben links neben das Zelt stellen.*
Wenn es dunkel wird, legen Abraham und Sara sich schlafen.	*Abraham und Sara nacheinander ins Zelt legen.*
Eines Abends hat Abraham einen Traum. In dem Traum spricht Gott zu Abraham:	
»Abraham, steh auf.	*Abraham vor das Zelt stellen.*
Geh raus in die Wüste.«	
Abraham geht auf einen Hügel.	*Abraham auf den Hügel gehen lassen.*
Dort hört er Gottes Stimme: »Abraham, du wirst einen Sohn bekommen. Du wirst Vater eines großen Volkes sein.«	*Fließende Bewegung: Beide Hände segnend über Abraham; jede Hand beschreibt einen Halbkreis nach außen bis knapp über dem Sand; Handflächen zeigen jetzt rechts und links*

von Abraham empfangend nach oben.

Doch Abraham kann das nicht glauben.

Hände wegnehmen.

Da spricht Gott: »Nimm etwas Sand in die Hand. Siehst du die vielen Sandkörner? Du kannst sie nicht zählen.
So zahlreich wie die Sandkörner werden deine Kinder sein.«

Sand in eine Hand nehmen und rieseln lassen.

Und Gott spricht weiter: »Schau hoch in den Himmel. Siehst du die vielen Sterne? Du kannst sie nicht zählen. So zahlreich wie die Sterne am Himmel werden deine Kinder und Kindeskinder sein.

Chiffontuch mit Sternen in die Wüste um die Basis des Berges legen.

Ich will dich zu einem großen Volk machen.

Segnende Hand über Abraham halten.

Ich will alle deine Nachfahren segnen.

Zweite Segenshand über Sara halten.

Ich will alle Menschen segnen, Erwachsene und Kinder. Ich will dich segnen und du sollst ein Segen sein.«

Beide Hände nacheinander schützend über Abraham halten.

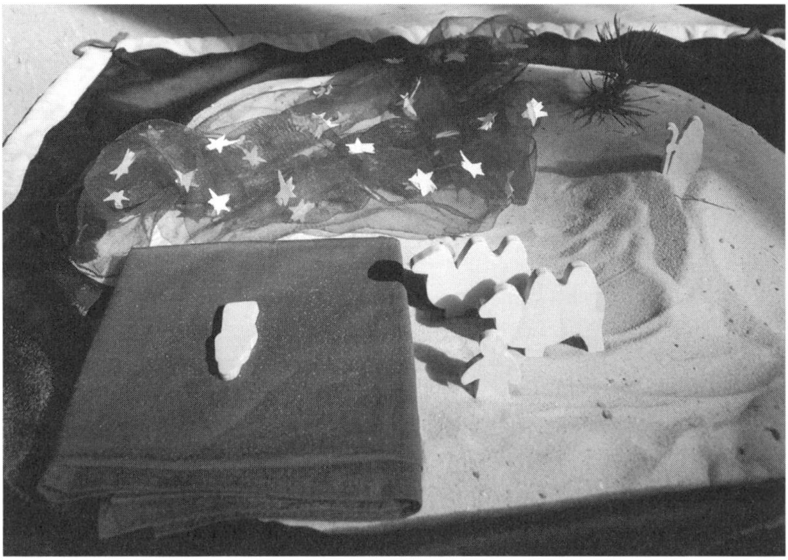

Abrahamgeschichte im Sandsack

5. Station – Mose – Aaronitischer Segen

Kernaussage:
Der Herr segne dich und behüte dich,
der Herr lasse sein Angesicht leuchten über dir
und sei dir gnädig,
der Herr erhebe sein Angesicht über dich
und gebe dir Frieden.
(4. Mose 6,20)

Material
- drei bis vier Meter lange Papierbahn,
- Aaronitischer Segen in Großschrift aufgeteilt auf fünf Plakaten:
  Der Herr segne dich und behüte dich
  der Herr lasse sein Angesicht leuchten über dir
  und sei dir gnädig,
  der Herr erhebe sein Angesicht über dich
  und gebe dir Frieden.
- geeignete Bilder aus Zeitungen und Zeitschriften
  (falls vorhanden: Kopien aus »photos symboliques«, leider vergriffen),
- geeignete Texte aus Zeitungen und Zeitschriften für Collagen,
- Bleistifte, Buntstifte, Wachskreiden, weißes und buntes Papier, Klebstoff, Scheren,
- kleine Ausstellung vom Vorbereitungsteam erstellter Collagen.

Aufbau
Papierbahn ausbreiten und die fünf Plakate mit Zwischenräumen aufkleben. In die Zwischenräume die Bilder und Texte lose hineinlegen.

Mitarbeiter/in:
Mose hatte einen Bruder mit Namen Aaron. Ihm und seinen Nachkommen hat Mose das Priesteramt übertragen. Sie bekamen die Aufgabe das Volk zu segnen.
Eines der bekanntesten Segensworte ist nach Aaron benannt: Der Aaronitische Segen. Wir haben ihn auf einer langen Papierbahn aufgeschrieben.
Dazwischen liegen einige Texte, Bilder und Collagen.
Ein Bild oder ein Text, der dich/Sie zum Nachdenken anregt, kann ausgewählt werden und zur Gestaltung als Collage mit an den Tisch genommen werden. Dort liegen Materialien zur weiteren Ausgestaltung bereit. Die Collage soll zum Ausdruck bringen, was das Bild oder der Text für dich/Sie mit dem Segen zu tun hat.

6. Station – Segen des Helfens: Gleichnis vom Barmherzigen Samariter

Kernaussage:
Da sprach Jesus zu ihm:
Geh auch du hin, tue desgleichen. (Lukas 10,37)

Material

- Schattenrahmen (z.B. Malerbock mit weißem Tuch bespannen und aufklappen),
- Lichtquelle,
- Kabelverlängerung,
- Schattenfiguren,
- Tisch,
- Tuch zum Abhängen des Tisches,
- Text für Mitarbeiter/innen,
- Sitzkissen als Unterlage zum Knien.

Vorbereitung

- Theaterkreis mit Stühlen,
- Schattenfiguren herstellen,
- Aufbau der Materialien für die Projektion,
- Schattenspiel proben.

Der barmherzige Samariter – Schattenrahmenerzählung

(Alle Bewegungen sind aus der Perspektive der vorführenden Mitarbeiter/innen beschrieben.)

Beginn

unten: Weg mit Wegweiser,
oben rechts: Jerusalem mit kleinem Weg davor,
oben links: später der Gasthof.

Jesus erzählt eine Geschichte. Ein Mann aus Jerusalem macht eine Reise. Er will nach Jericho.	*• Licht an.* *Mann geht von rechts bis zur Mitte.*
Auf dem Weg überfallen ihn Räuber.	*Räuber kommen von links, treffen den Mann in der Mitte,*
Sie schlagen ihn.	*schlagen ihn,* *drängen ihn nach rechts.*
Sie nehmen ihm alles weg. Sie laufen fort und lassen den Mann verletzt liegen.	*Räuber laufen fort.*
Der Mann liegt verletzt am Boden.	*• Licht aus.* *Verletzten Mann (auf der linken Hälfte) feststecken.*
Ein Mann kommt.	*Kommt von rechts (etwas von oben);* *geht auf den Verletzten zu.*
Er war im Tempel in Jerusalem. Sein Beruf ist es, Gott zu dienen.	*Bleibt stehen,*
Er sieht den verletzten Mann.	*geht weiter, bleibt vor dem Verletzten stehen; schaut runter,*

Aber er schaut weg und geht vorbei. Der Verletzte liegt am Boden. Es geht ihm schlecht.	*schaut hoch und geht weg.*
Wieder kommt ein Mann aus Jerusalem.	*Kommt von rechts (etwas von oben); geht auf den Verletzten zu,*
Auch er war im Tempel.	*bleibt stehen,*
Er hat beim Gottesdienst geholfen.	*geht weiter,*
Er sieht den verletzten Mann.	*bleibt vor dem Verletzten stehen; schaut runter,*
Auch er geht vorbei.	*schaut hoch und geht weg.*
Dann kommt ein Mann aus Samarien, ein Mann aus einem anderen Land.	*Kommt von rechts (etwas von oben) mit dem Esel; geht auf den Verletzten zu, bleibt stehen,*
Die Menschen aus Jerusalem und die Samariter sind Feinde.	*geht weiter,*
Der Samariter sieht den Verletzten und bleibt stehen.	*bleibt stehen.*
Er hat Mitleid mit ihm. Er geht zu ihm hin.	*Geht hinter den Verletzten; Esel bleibt stehen.*
Er reinigt seine Wunden und verbindet ihn.	*Er streicht mit der Hand über den ganzen Körper des Verletzten,*
Dann hebt er ihn auf seinen Esel.	*hebt den Verletzten auf den Esel.*
Ein Stück weiter steht ein Gasthaus.	*Gasthaus erscheint.*
Der Samariter bringt den Verletzten dorthin.	*Samariter geht vor, Verletzter auf Esel hinterher. Verletzter legt sich hin; Esel geht nach links aus dem Bild;*
Die beiden bleiben über Nacht dort.	*Samariter bleibt stehen.*
Der Samariter sorgt für den Verletzten.	*Samariter geht zu dem Verletzten; streicht ihm erneut mit der Hand über den Körper (langsamer als vorher).*
Am nächsten Morgen *(Pause)* geht der Samariter los und der Samariter gibt dem Wirt Geld *(langsam).*	*Samariter geht langsam (!) links aus dem Bild und kommt von links bis in die Mitte. Bei »Wirt« kommt der Wirt von rechts bis in die Mitte, beide fassen sich an den Händen.*
Er sagt: »Sorge gut für den Mann. Wenn es mehr kostet, bezahle ich es, wenn ich zurückkomme.« *(langsamer)*	*Während der Samariter spricht, bewegt er sich leicht hoch und runter.*

7. Station – Kindersegnung

Kernaussage:

Lasst die Kinder zu mir kommen und wehret ihnen nicht;
denn solchen gehört das Reich Gottes.
(Markus 10,14)

Mitarbeiter/in:
(Mit einer Geste oder Worten die Kinder anweisen, sich in einen Kreis zu stellen.)

Ich lade euch zu einer Bewegungsgeschichte ein.
Ich erzähle die Geschichte mit Worten und mit Bewegungen. Seht auf meine Bewegungen und macht sie mit.

Die Kindersegnung

Jesus sitzt unter einem Baum. Er ruht sich aus.	*Baum mit beiden Händen in die Luft zeichnen.*
Seine Freunde, die Jünger, sind bei ihm.	*Kopf zur Seite neigen; die Hände in Schlafgeste darunter legen.*
Da kommen Mütter mit ihren Kindern.	*Im Kreis Handfassung;*
Sie wollen zu Jesus.	*Bewegung der Arme wie beim Gehen.*
Jesus soll ihre Kinder segnen.	*Hände zum Herzen hin.*
Die Jünger stellen sich ihnen in den Weg. Halt!	*Eine Handfläche abweisend nach vorne,*
Stopp! Ihr dürft nicht zu Jesus. Er braucht Ruhe.	*zweite Handfläche abweisend nach vorne.*
Außerdem seid ihr viel zu klein. Ihr versteht die Geschichten noch gar nicht, die Jesus erzählt.	*Arme vor dem Körper verschränken,*
Die Kinder sind traurig.	*Kopf und Arme hängen lassen,*
Da kommt Jesus.	*Kopf heben.*
Er sagt: Lasst die Kinder zu mir kommen,	*Arme annehmend ausbreiten; Handflächen nach oben.*
denn ihnen gehört das Himmelreich.	*Arme in gleicher Haltung nach oben zum Himmel richten.*
Und er nimmt die Kinder in seine Arme,	*Mit den Händen die Nachbarn an den Schulterblättern berühren,*
legt ihnen die Hände auf und segnet sie.	*Hände bei den Nachbarn über den Kopf halten; Segenshaltung.*

8. Station – Himmelfahrt – Der Segen wirkt weiter

Kernaussage:
Und er erhob seine Hände und segnete sie.
(Lukas 24,50)

a. Eigene Geschichten des Lebens zum Segen aufschreiben

Material
- Hinweisplakat: Wir laden ein, die Geschichte des Segens in eigenen Erfahrungen fortzuschreiben,
- schönes Papier,
- verschiedene Stifte,
- Kordel ausgehend von einer Israelkarte wie ein Netz auf Tisch ausbreiten,
- Scheren,
- schöne Wäscheklammern,
- Tische und Stühle zum Schreiben.

Vorbereitung
- Netzinstallation aufbauen,
- Hinweisplakat dazulegen,
- Segensgeschichten im Vorbereitungskreis aufschreiben und mit Wäscheklammern anheften.

Mitarbeiter/in:
Jesus hat seine Jünger beauftragt, seine Botschaft weiterzusagen. Bei seinem Abschied hat er ihnen die Kraft aus der Höhe zugesagt und sie gesegnet. In der Kraft seines Segens ist die Botschaft weitergesagt worden bis zum heutigen Tag. Wir laden ein, die Geschichte des Segens mit eigenen Erfahrungen fortzuschreiben.
Wer mag, kann seine Geschichte mit einer Wäscheklammer an das Netz anheften.

b. Segensworte zum Mitnehmen

Material
- Karten,
- Segenssprüche zum Aussuchen,
- Klebstoff,
- Scheren,
- Bibeln,
- Fineliner.

Vorbereitung
- Liste mit Segenssprüchen (s. rechts und nächste Seite) mehrfach ausdrucken (eventuell vergrößern),
- Material zusammenstellen,
- Tische und Stühle zum Schreiben.

Mitarbeiter/in:
Hier gibt es eine Auswahl von Segensworten. Wir laden ein, eines auszusuchen und abzuschreiben oder auszuschneiden und aufzukleben. Auch liegt eine Bibel bereit, um eventuell ein Bibelwort zu suchen, das sich in unserer Auswahl nicht findet. Bitte das Segenswort anschließend mitnehmen!

Gott hat seinen Engeln befohlen, dass sie dich behüten auf allen deinen Wegen. (Psalm 91,11)

So spricht Gott:
Ich liebe, die mich lieben, und die mich suchen, finden mich. (Sprüche 8,17)

Gottes Güte reicht soweit der Himmel ist und seine Treue soweit die Wolken gehen. (Psalm 36,6)

Gott, der deine rechte Hand fasst, spricht zu dir: Fürchte dich nicht, ich helfe dir. (nach Jesaja 41,13)

Gott ist Liebe, und wer in der Liebe bleibt, der bleibt in Gott und Gott in ihm.
(1. Johannes 4,16)

Gott ist treu und wird dich stärken und bewahren vor dem Bösen.
(2. Thessalonicher 3,3)

Die Gott lieben, sollen sein, wie die Sonne aufgeht in ihrer Pracht.
(Richter 5,31)

Gott spricht: Fürchte dich nicht, denn ich habe dich erlöst; ich habe dich bei deinem Namen gerufen; du bist mein. (Jesaja 43,1b)

Der Herr segne dich und behüte dich, der Herr lasse sein Angesicht leuchten über dir und sei dir gnädig, der Herr erhebe sein Angesicht über dich und gebe dir Frieden.
(4. Mose 6,24-26)

Gottes Segen umhülle dich wie ein Mantel, damit du nie ohne Schutz bist.

Gott sei vor dir, um dir den rechten Weg zu zeigen.

Gottes Segen stärke dich und mache dir Mut.

Der Segen Gottes erfülle dein Herz und mache dich froh.

Gott segne und behüte dich auf all deinen Wegen.

Gott segne dich mit seiner Liebe und lasse dich davon mit vollen Händen weitergeben.

Geh deinen Weg in dem Wissen: Gott begleitet dich mit seinem Segen!

Wie ein Vogel im Nest mögest du geborgen sein in der Liebe Gottes.
Gott stärke in dir die Gewissheit, dass er dich nicht verlassen wird und du in seiner Hand geborgen bist.

Gott sei mit dir am Abend und am Morgen sowie an jedem neuen Tag.

Gott sei und bleibe dir nahe. Er leite dich auf gutem, geradem Weg.

Wie die Sonnenstrahlen die Erde wärmen, möge Gottes Segen dich mit Freude erfüllen.

Möge Gott deine Lebenswege eben machen und alle Stolpersteine aus dem Weg räumen.

Der Herr sei unter dir, um dich aufzufangen, wenn du fällst.
Der Herr sei in dir, um dich zu trösten, wenn du traurig bist.
Der Herr sei über dir, um dich zu segnen.

Möge Gott in seiner unendlichen Weisheit und Liebe alle Zeit vom Himmel her seine freundlichen Augen auf dich richten.

Gott gebe dir für jeden Sturm einen Regenbogen, für jede Träne ein Lachen, für jede Sorge eine Aussicht und eine Hilfe in jeder Schwierigkeit.

c. Segenszuspruch mit Salbung

Material
- Kerze mit Ständer,
- Gefäß mit Salböl,
- Servietten um Öl abzutupfen.

Vorbereitung
- Tisch mit den Gegenständen für die Salbung,
- daneben Kerzenständer mit angezündeter Kerze.

Mitarbeiter/in:
Eben hast du / haben Sie sich ein Segenswort ausgewählt. Wenn du möchtest / Sie möchten, kann ich dich / Sie mit diesem Segenswort segnen und salben. Dazu gibst du / geben Sie mir das ausgesuchte Segenswort. Ich nehme ein klein wenig Salböl, spreche den Segen und zeichne dir / Ihnen mit dem Salböl ein kleines Kreuz in die Hand. Dann nimmst du / nehmen Sie das Segenswort wieder an sich.

Durchführung
Der/die Mitarbeiter/in spricht den Segen zu, zeichnet mit ein wenig Salböl ein kleines Kreuz in die hingereichte Hand des Teilnehmenden. Der Segen endet mit der Segensgeste über der Hand und den Worten:

Gott segne dich.
Amen.

Ilona Brand und Team; theologische Beratung: Dieter Witt

Schritte wagen – Wege finden

Zwei Gottesdienste in einer Freizeit zur Vorbereitung der Konfirmation

VORBEMERKUNGEN

Thema
Der Segen für Abraham als Vorbereitung der eigenen Einsegnung

Zielgruppe
Konfirmanden in einer Wochenendfreizeit

Zur Durchführung
Die Konfirmandenfreizeit fand an einem Wochenende vom Freitagnachmittag bis Sonntagnachmittag statt. Die Freizeit war bestimmt von vielen stillen Elementen, die sich mit Spielen und Aktivitäten im Gelände abwechselten.
Hier werden lediglich die Gottesdienste geschildert.

Gestaltung des Gottesdienstraumes
Im großen Gruppenraum war während der ganzen Freizeit eine liturgische Mitte gestaltet: Ein Weg in Spiralform gebildet aus weißen Kieselsteinen mit einem Windlicht in der Mitte.

1. Abraham bricht auf in das fremde Land

Gottesdienst am Abend des 1. Tages (1. Mose 12,1.5f)

Vorbereitung und Material
- Vorlauf für den Weg zum Gottesdienstraum: Eine Fußfühlstraße wird auf Mülltüten vorbereitet (Sand / Stroh / kleine Steine / Tannenzapfen / Blumenerde / Moos).
  Die Teilnehmer/innen werden einzeln eingeladen, über die Fußfühlstraße in den Gottesdienstraum zu gehen. Dort werden sie mit leiser Gitarrenmusik empfangen und gebeten, sich still zu verhalten, bis alle anderen da sind.

Lied: Kommt herbei, singt dem Herrn (EG RT; LJ 445)

Eingangswort
Der Tag ist vergangen, die Nacht ist herbeigekommen.
Bevor wir den Tag beschließen, kommen wir zu dir, Gott. Sei du bei uns in diesem Gottesdienst.
Im Namen des Vaters und des Sohnes und des Heiligen Geistes. Amen.
Unsere Hilfe kommt von Gott, der Himmel und Erde gemacht hat. Amen.

Psalm aus unseren Tagen
(Der Kehrvers wird gemeinsam gesprochen.)

Gott, ich kann dich nicht sehen.
Aber ich weiß: Du sorgst für mich.

Manchmal kommen mir Zweifel, ob es dich gibt.
Aber dann merke ich: Ich brauche dich!

Gott, ich kann dich nicht sehen.
Aber ich weiß: Du sorgst für mich.

Manchmal fällt es mir schwer zu beten.
Aber dann merke ich: Ich brauche dich!

Gott, ich kann dich nicht sehen.
Aber ich weiß: Du sorgst für mich.

Hilf mir, Gott, dir zu vertrauen!
Sei bei mir mit deinem Segen.

Gott, ich kann dich nicht sehen.
Aber ich weiß: Du sorgst für mich.

Amen.

Lied: Erd und Himmel sollen singen (EG 499; LJ 288)

Sprechspiel zu 1. Mose 12

Erzähler/in: Abraham kommt aufgeregt zu seiner Frau Sara.

Abraham: Sara, ich habe dir etwas Wichtiges zu sagen.

Sara: Du bist ja ganz aufgeregt, Abraham. Was ist geschehen?

Abraham: Gott will, dass wir in ein anderes Land ziehen.

Sara: Was sollen wir? In ein anderes Land ziehen. Das hast du doch nur geträumt.

Abraham: Nein! Es war mitten am Tag. Ich habe nicht geträumt. Wir sollen in ein anderes Land ziehen!

Sara: Hat er denn auch gesagt, wo wir hingehen sollen?

Abraham: Nein, davon hat er nichts gesagt – nur, dass wir in ein Land gehen sollen, das er uns zeigen wird.

Sara: Er hat nicht einmal gesagt, in welches Land wir gehen sollen?! Und da sollen wir hier alles verlassen?
Ich glaube, du bist übergeschnappt!

Abraham: Glaube mir! Es waren wirklich Gottes Worte: Geh in ein Land, das ich dir zeigen werde. Und das werden wir auch tun. Fang schon einmal an zu packen.

Sara: Es ist wirklich dein Ernst?
Wer weiß, was uns in der Fremde erwartet ...

Abraham: Ich weiß nur, dass Gottes Segen uns begleiten wird!

Erzähler/in: Man merkt, dass Sara sehr traurig ist. Aber sie geht und fängt wirklich an zu packen. Und ein paar Tage später verlässt Abraham mit seiner Familie und seinen Herden seine Heimat und geht in eine unbekannte Zukunft.

Lied: Ich möchte, dass einer mit mir geht (EG 209; LJ 137)

Gebet
Heiliger Gott!
Auch vor uns liegt die Zukunft wie ein fremdes Land.
Abraham ist in die unbekannte Zukunft im Vertrauen auf Gott gegangen.
Hilf, dass auch wir dir stets vertrauen.
Amen.

Vaterunser

Lied: Möge die Straße (KKL 123; MKL 2, 82)

Segen
Herr, wir leben hier –
segne uns.
Du schickst uns in die Welt –
behüte uns.
Du gibst uns Aufgaben –
lass dein Angesicht über uns leuchten.
Wir versagen oft –
sei uns gnädig.
Wir fühlen uns oft allein –
erheb dein Angesicht auf uns.
Gib uns und der Welt Frieden.
So segne uns der gütige Gott, der Vater, der Sohn und der Heilige Geist.
Amen.
(Kurt Rommel)

2. Abraham und die Verheißung des Segens

Gottesdienst am Abend des 2. Tages (1. Mose 15,5ff)

Vorbereitung und Material

- Segenskarte für jede/n Teilnehmer/in (Motiv s. S. 136) kopieren und bereitlegen.

Eingangsliturgie *(wie im ersten Gottesdienst – allerdings ohne den Vorlauf)*

Sprechspiel: Abraham geht seinen Lebensweg unter Gottes Segen

(1. Mose 15,5ff)

Erzähler/in:
Wochen und Monate war Abraham nun schon durch das Land gezogen, über Berge und durch Täler, durch Steppen und Wüsten, aber auch an fruchtbaren Feldern vorbei. Oft schon hatten seine Frau Sara und seine Verwandten gedacht: Hier gibt es Wasser. Hier ist fruchtbares Land. Hier könnten wir doch bleiben. Aber Abraham war weitergezogen, immer weiter.

Sara:
Abraham, die Hirten werden unzufrieden! Sie schimpfen über dich! An den besten Weideplätzen bleiben wir höchstens eine Nacht und einen Tag. Und dann müssen wir wieder fort. Alle sind es leid. Wohin willst du eigentlich?

Abraham: Wie oft soll ich euch das denn noch sagen? Wir ziehen in das Land, das Gott uns zeigen wird.

Sara:
Du denkst bloß noch an deinen Gott. An uns denkst du wohl überhaupt nicht. Vorige Woche in der Wüste – da sind wir fast verdurstet. Alle Wasservorräte waren aufgebraucht. Wir kennen die Wasserstellen nicht! Und vor uns liegt schon wieder eine Wüste. Wer weiß, wie groß die jetzt ist. Mir graut davor, dass wir morgen schon wieder aufbrechen müssen. Wir hätten in Haran bleiben sollen!

Abraham:
Sara! Bis jetzt hat Gott uns immer geholfen. Wir haben eine Oase gefunden mit reichlich Wasser. Die Räuber, die uns bestehlen wollten, haben wir in die Flucht geschlagen. Und den Sandsturm haben wir auch gut überstanden. Merkst du nicht? Gott ist mit uns. Er hat uns immer wieder geholfen. Und er wird uns auch weiterhin helfen! Verlass dich darauf!

Erzähler/in: In diesem Moment kommt Hagar dazu. Sie hat die letzten Worte des Abraham gehört.

Hagar:
Ich verstehe nicht, Abraham, wieso du so fest auf deinen Gott vertrauen kannst. Ich weiß nicht viel von deinem Gott. Denn ich komme aus Ägypten. Ich bin nur eine einfache Magd. Aber das weiß ich: Wenn unsere Götter einem Menschen gut gesonnen sind, dann schenken sie ihm Nachkommen. Aber Sara und du, ihr habt keine Kinder. Und ihr werdet auch keine mehr bekommen. Dafür seid ihr schon viel zu alt. Wenn dein Gott dir wohlgesonnen wäre, hättet ihr schon einen ganzen Stall voll Kinder. Das sagen alle! Merkst du nicht, wie sie alle über euch spotten? Hinter euren Rücken, Abraham. Alle deine Verwandten, alle Knechte und Mägde! Sie sagen: Der alte Narr Abraham! Bildet sich ein, dass Gott mit ihm ist. Das würden wir ihm nur glauben, wenn er und Sara endlich einen Sohn bekämen. Aber dafür sind sie schon viel zu alt. Die bekommen doch keinen Sohn mehr.

Sara: Ich glaube auch nicht mehr, dass wir noch Kinder haben werden. Und dieses ewige Herumziehen durch die Wüste macht mich noch wahnsinnig!

Abraham: Aber Gott hat gesagt: Geh in ein Land, das ich dir zeigen werde.

Hagar:
Ja, ja! Den Spruch kennen wir! Den haben wir schon so oft gehört.
Glaubst du eigentlich selbst noch daran? Oder gehst du nur noch weiter, weil du so stur bist?

Erzähler/in:
Sara nickt bei diesen Worten zustimmend mit dem Kopf. Abraham antwortet nicht. Er wendet sich ab. Er geht auf einen Hügel und setzt sich dort hin. Er ist bekümmert. Vielleicht haben sie ja alle Recht. Vielleicht wäre es ja doch besser gewesen, wenn er in Haran geblieben wäre. Hatte er denn Gottes Stimme wirklich gehört? Oder hatte er alles nur geträumt?

Während Abraham noch grübelnd dasitzt, geht die Sonne unter.
Über ihm erscheint Stern um Stern. Je dunkler es wird, desto mehr Sterne kann er erkennen. Und in die Stille hinein ist sie auf einmal wieder da: Die Stimme Gottes in seinem Herzen.
»Abraham, ich habe dich bis hierher geführt. Ich habe euch beschützt in allen Gefahren. Ich werde auch weiter bei euch sein, bis ihr in das Land kommt, das ich für euch bestimmt habe. Schau hinauf zum Himmel! Sieh dir die Sterne an. Du kannst sie nicht zählen. So viele sind es. So zahlreich wie die Sterne am Himmel sollen deine Nachkommen sein. Verlass dich darauf. Ich will bei dir sein auf allen deinen Wegen. Ich will dich segnen. Mein Segen soll mit dir sein auf deinem ganzen Lebensweg.«

Abraham ist sich jetzt sicher. Das war die gleiche Stimme wie damals. Das war Gottes Stimme. Er fühlt sich getröstet. Alle Sorge ist von ihm gewichen. Er spürt:

Gottes Segen gibt mir Mut. Gottes Segen gibt mir Kraft für meinen Weg durchs Leben und alles, was da kommen mag.

Lied: Komm, Herr, segne uns EG 170; LJ 116)

Segnung der Teilnehmer/innen und Mitarbeiter/innen
mit Handauflegung und Übergabe einer Segenskarte

Lied: Segne und behüte (EG RT; LJ 416)

Vaterunser

Segen
Gott, wir bitten dich: Segne uns.
Halte deine schützenden Hände über uns.
Bewahre uns in deinem Segen und gib uns deinen Frieden.
Amen.

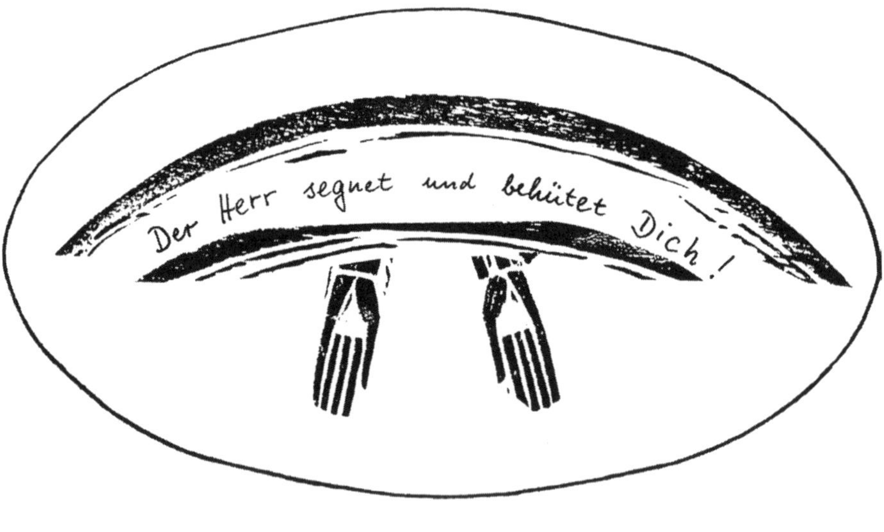

Motiv der Abraham-Segenskarte

Segen zum Mitnehmen am Wanderweg

VORBEMERKUNGEN

Thema: Segensworte zum Mitnehmen

Inhalt
An einem Baum auf der Schwäbischen Alb hingen Segensworte, die die Kinder einer Kinderfreizeit dort aufgehängt hatten. »Ob die Segenwünsche wohl am Abend noch da hängen werden?«, haben sich Kinder und Betreuer/innen gefragt. Die Antwort findet sich als Bericht des Freizeitteams im Gemeindebrief der Evangelischen Kirchengemeinde Opladen.

Aus dem Bericht des Freizeitteams

An einem der letzten Tage im August bietet sich dem Wanderer auf dem Hochplateau der Schwäbischen Alb ein ungewohntes Bild. Ein Baum an einer Weggabelung ist geschmückt mit bunten Bändern und kleinen Zetteln. Ein Schild lädt ein: »›Segen zum Mitnehmen.‹ Urheber dieser Aktion sind die Teilnehmer der Kinderfreizeit aus Opladen.«

Wie es dazu kam?
Das geistliche Thema der Freizeit lautete in diesem Jahr:

Ich will dich segnen und du sollst ein Segen sein. (1. Mose 12,2)

Segen – es ist ein kleines Wort mit nur fünf Buchstaben und doch liegt dahinter eine ganze Welt von Erfahrungen, Hoffnungen und Wünschen, die uns Menschen mit Gott verbindet. Schon zu Beginn der Freizeit hatten die Kinder sehr genaue Vorstellungen davon, was Segen für sie ist:

- Ein Segen ist, dass die Bäume und Pflanzen wachsen.
- Segen ist für mich, ein Dach über dem Kopf zu haben.
- Ein Segen ist, dass Gott dich erschaffen hat, so wie du bist. Gott hat dich lieb.
- Eine Freundin ist ein Segen.
- Ein Segen ist, wenn Kindern in Not geholfen wird.
- Segen ist: Helfen bei Schwierigkeiten.
- Segen ist trösten, wenn ein Freund weint.
- Segen ist, etwas teilen mit anderen.
- Segen ist, Musik füreinander spielen.
- Segen kann Vieles sein.
- Der schönste Segen ist die Geburt eines Säuglings. Denn Gott schickt dich gesegnet auf die Erde. Und er segnet dabei auch die Eltern.
- Wenn man jemanden umarmt, dann bedeutet das, den Segen weiterzugeben.
- Der Segen Gottes macht dich glücklich und lässt dich von innen leuchten.

In unseren Gottesdiensten und Andachten folgten wir dem Segensbegriff durch die Bibel. Wir hörten vom Segen der Schöpfung; von Abraham unter dem Sternenzelt; von Jakob, der sich den Segen so sehr wünschte, und natürlich davon, dass Jesus die Kinder segnete.
Seit mehr als zwei Jahrzehnten sprechen wir am Ende unserer Freizeiten den Teilnehmern einen persönlichen Segen zu. Und auch in diesem Jahr durften wir wieder erfahren, wie sehr der Moment von den Kindern freudig erwartet wurde. Einige hatten sogar ihre Segenskarten der letzten Jahre dabei.
Und irgendwann war er da, der unwiederbringlich letzte Tag.
Endlich war es richtig sonnig. Nicht unbedingt warm. Nach mehrmaligen Abstimmungen machten wir uns dennoch auf den Weg ins Schwimmbad. 90 Minuten Fußmarsch für sehr kaltes Wasser. Aber das war es den meisten von uns wert. Kaum verwunderlich war allerdings, dass wir im Schwimmbad lange Zeit die einzigen Besucher blieben. Doch genau dort passierte es. Auf der Wiese im Schwimmbad begannen die Kinder, Segenskarten zu malen oder zu schreiben. Sie wollten damit einen ›Segensbaum‹ schmücken.
Eigentlich war es viel zu spät. Am nächsten Morgen würden wir wieder abreisen.
Doch wir wollten die Kinder nicht enttäuschen und so schmückten wir noch am Abend einen Baum, der auf dem Weg zum Spielplatz lag. Es war viel zu spät, dass diese Idee noch ihre Wirkung entfalten konnte. Aber am nächsten Morgen würden wir sowieso an dem Baum vorbeikommen. Dann könnten wir alles entfernen. Es sollte später nicht heißen, dass die Opladener Kinder auf der Schwäbischen Alb Müll hinterließen.

Doch am Morgen des nächsten Tages stehen wir Mitarbeiter staunend vor dem Baum an der Wegkreuzung. Nur noch drei Segenskarten wehen im Wind. Und die Kinder? Sie freuen sich. Gleichzeitig spiegelt sich in ihren Gesichtern der unbeschreibliche Ausdruck des **»Wir waren uns des Segens Gottes immer gewiss«.**

Ilona Brand für das Team der Kinderfreizeit

Da steckt Segen drin

Gottesdienste und Anspiele zum »Segen« in der Kinderfreizeit

Zum Inhalt

Das Motto der Freizeit geht auf Jesaja 65,8 zurück. Die alte Winzerregel schreibt das Wachstum der Reben dem Segen Gottes zu. Der Satz: »Da ist Segen drin!« warnt den Winzer kümmerliche Trauben zu vernichten, weil selbst in ihnen noch Gottes Segen in Form des Saftes vorhanden ist.

In einer 14-tägigen Freizeit für 9-11-jährige Kinder auf der Schwäbischen Alb bildeten vier Gottesdienste die geistliche Mitte. Sie wurden vom Freizeitteam sorgfältig vorbereitet und an vier Abenden während der Freizeit gefeiert.

Die Liturgie der Gottesdienste blieb im Eingangs- und im Schlussteil gleich. Anders verhielt es sich im Mittelteil. Dort wurde mit einer fortlaufenden Rahmengeschichte und der Darbietung einer jeweils anderen biblischen Geschichte, die Bedeutungsvielfalt des Segensbegriffes in kindgemäßer Weise dargeboten. Die verschiedenen Aspekte des Segens kommen auf diese Weise zum Tragen. Für die Gottesdienstreihe stellt Petrus die Leitfigur der theologischen Entfaltung dar.

(Ausführliche Darstellung des Freizeitkonzeptes siehe: Ilona Brand/Dieter Witt: Freizeit – eine Chance Kinder geistlich zu begleiten; in: Rüdiger Maschwitz: Gemeinsam Gott begegnen, München 2011, S. 166 –172)

Gliederung der Gottesdienstreihe

Rahmenhandlung zur Verknüpfung der Geschichten	**Biblische Geschichte**	**Methode**
Rut (Frau d. Petrus) und Hanna im Weinberg - Verknüpfung der Geschichten	Schöpfung Kindersegnung	Materialprojekt Mitmacherzählung
Petrus und Paulus - Der Segen gilt allen Völkern	Abraham	Erzählung im Sandsack
Rut und Petrus Segen des Helfens	Barmherziger Samariter	Erzählung auf dem Rücken
Rut und Hanna im Weinberg - Segen reicht ›wie Perlen an einer Schnur‹ aus dem AT bis zu uns.	Himmelfahrt Jesu Lukas 24,50-53	Segen für die Kinder

LITURGIE DER GOTTESDIENSTE

Vorbereitung
Kreis mit Sitzkissen oder Decken um eine schön gestaltete Mitte mit Tuch und drei Kerzen, die beim Kerzenritus angezündet werden.

Einstimmung / Begrüßung / Lied

Kerzenritus
Im Namen des Vaters und des Sohnes und des Heiligen Geistes. Amen.
Die erste Kerze zünden wir an für Gott.
Er hat uns das Leben gegeben und zu ihm kehrt es auch wieder zurück.

Während des Anzündens singen: Du bist da, wo Menschen leben. (KG 147)

Die zweite Kerze zünden wir an für Jesus.
Er hat uns gezeigt, dass Gott uns liebt
und wie wir liebevoll miteinander umgehen können.

Während des Anzündens singen: Du bist da, wo Menschen lieben.

Die dritte Kerze zünden wir an für den Heiligen Geist.
Er gibt uns Hoffnung und Kraft.

Während des Anzündens singen: Du bist da, wo Menschen hoffen.

Psalm 67
(Der Kehrvers wird im Wechsel gesungen.)

Gott, sieh uns freundlich an.
Wir bitten dich, segne uns.

Über dich, Gott, können sich alle Menschen freuen.
Sie sollen froh sein und merken:
Du bist für jede und jeden da.

Gott, sieh uns freundlich an.
Wir bitten dich, segne uns.

Du, Gott, gibst den Menschen,
was sie zum Leben brauchen,
denn du lässt alles wachsen und reifen.
Darum sollen alle froh sein und wissen:
Du bist für jede und jeden da.

Gott, sieh uns freundlich an.
Wir bitten dich, segne uns.

Gott, lasse dein Angesicht über uns leuchten.
Bleibe immer bei uns,

damit alle froh werden und es weitersagen:
Du bist für jede und jeden da.

Gott, sieh uns freundlich an.
Wir bitten dich, segne uns.

Ehre sei dem einen Gott,
Vater, Sohn und Heiligem Geist,
wie im Anfang, so auch jetzt,
alle Zeit und in Ewigkeit.

Amen.
(nach: Dir kann ich alles sagen, Gott; Rhein . Verband für Kindergottesdienst, S. 57f)

Lied

Hauptteil mit Darbietung der Anspiele und der biblischen Geschichten:
(Siehe unten unter Hauptteile der Gottesdienste!)

Schlussliturgie

Lied

Gebet

Vaterunser *(im Kreis mit Bewegungen)*

Segen *(in verschiedenen Fassungen)*
Wir bitten Gott um seinen Segen.
(nach oben schauen und beide Hände nach oben strecken)
Gottes Segen senkt sich von oben auf uns herab.
(Hände auf die Brust legen)
Er komme zu jedem von uns. Er geht von mir zu dir.
(den Nachbarn die Hände geben)

Gott segne und behüte dich,
er lasse sein Angesicht leuchten über dir und sei dir gnädig.
Gott erhebe sein Angesicht über dich und schenke dir Frieden.

Ich nehme den Segen zu Herzen
(rechte Hand aufs Herz)
und danke Gott dafür.
(Hände falten)
Amen.

Segen der Schöpfung und Kindersegnung

Anspiel zum 1. Freizeitgottesdienst: Schöpfung

Inhalt
In einem Anspiel werden wesentliche Aspekte der Schöpfungsgeschichte in Bezug auf den Segen angesprochen. Petrus kommt hinzu, als die Frauen im Garten bei den Weinstöcken sind. Im Gespräch ist die Rede davon, dass Gott seine Schöpfung gesegnet hat. Die Anwesenheit des Apostels Paulus in Jerusalem aus Anlass des Apostelkonzils wird zum Ausgangspunkt von Überlegungen, dass Gottes Segen den Männern, den Frauen und den Kindern gleichermaßen gilt. Es wird erwähnt, dass Jesus die Kinder gesegnet hat. Die Geschichte der Kindersegnung wird in einer Erzählung mit Bewegung entfaltet.

Rollen: Petrus, Rut (Frau von Petrus), Hanna (Verwandte, Bekannte) zu Besuch

Requisiten:
- Kleidung für alle Spieler/innen
- Zeichnung auf Papierbahn eines Weinstocks oder Bau eines Weinstocks
- Messer, Korb o.ä.
- Lederbeutel mit getrockneten Kräutern

(Rut und Hanna stehen am Weinstock und schneiden die langen Triebe.)

Hanna: Schau mal Rut, mache ich das so richtig?

Rut: *(Rut wendet sich Hanna zu. Sieht sich die Arbeit an.)*
Ja, das machst du ganz richtig so.
Zwei bis vier Blätter über der letzten Traube wird der lange Trieb eingekürzt. Dann geht die ganze Kraft aus dem Boden direkt in die Früchte. Die Trauben werden dadurch größer.

Hanna: Das ist ja ein guter Trick. Jetzt verstehe ich auch, warum es bei dir so üppig blüht und wächst.
Du kennst bestimmt noch mehr solcher »Wachstumsgeheimnisse«.

Rut: *(lachend)* Na, so geheimnisvoll ist das nicht.
Hier in den kleinen Ortschaften weiß das jeder. Und – gewiss, wir hacken, säen, bewässern, schneiden und ernten, aber, dass es wächst, das liegt nicht in unserer Hand.
Es ist doch Gott, der es wachsen lässt. Eine gute Ernte – das ist wahrlich ein Segen.

(Petrus kommt dazu.)

Hanna: Sieh mal, da kommt auch dein Mann.

Rut: Petrus, kommst du, um uns zu helfen?

Petrus: Heute nicht. Ich muss wieder los - nach Jerusalem, um die anderen Jünger und Apostel zu treffen.

Rut: Wird Paulus auch da sein?

Petrus: Ja, ganz bestimmt.

Rut: Dann will ich dir noch etwas für Paulus mitgeben. Kräuter aus unserem Garten. Sie helfen ihm vielleicht, wenn er wieder so krank ist.
Ich gehe sie nur schnell holen. *(Rut ab.)*

Hanna: Ist euer Treffen in Jerusalem wichtig?

Petrus: Oh ja, sehr wichtig sogar! Wir beraten, wer alles unter Gottes Segen ist. Ich will zunächst mit Paulus reden. Er war ja nicht mit Jesus zusammen. Deshalb will ich ihm erklären, wie Jesus gedacht hat. - Paulus will nicht, dass die Frauen in den Versammlungen der Gemeinde etwas sagen.
Ich habe bei Jesus aber erlebt, dass er die Frauen sehr geachtet hat. Er hat mit ihnen geredet, ihnen zugehört. Sie waren ihm genauso wichtig wie die Männer.

Hanna: Und was hat das mit dem Segen zu tun?

Petrus: Viel! Denn der Segen gilt allen. In den alten Schriften steht, dass alles auf der Erde gesegnet ist.

Rut: *(Sie kommt mit einem Lederbeutel wieder dazu.)*
Stimmt! In der Schöpfungsgeschichte werden beide - Mann und Frau – gesegnet. Die Frauen genau wie die Männer. Auch da sind die Frauen genauso wichtig wie die Männer.
Und die Kinder kommen da auch vor: »Seid fruchtbar und mehret euch!« Dort sind also auch die Kinder gemeint – im Segen für Mann und Frau.

Hanna: Segen also auch für die Frauen! Und sogar die Kinder – alle sind Gott gleich wichtig: Männer, Frauen, Kinder? Er stellt sie alle unter seinen Schutz und Segen?

Petrus: Ja, und auch durch Jesus habe ich erlebt und gelernt, dass alle unter Gottes Segen sind. Jesus selber hat nämlich Kinder gesegnet.

Rut: Hanna, die Geschichte erzähle ich dir gleich.
Petrus, du musst los. Und hier sind noch die Kräuter für Paulus. Grüß ihn herzlich von mir. Und wenn er mal wieder in der Gegend ist, soll er doch vorbeikommen.
(Beide gehen zur Tür. – Man sieht die Geste des Segens zum Abschied. Keine Worte! – Rut kehrt zurück.)

Hanna: Jetzt erzähl mal, wie war das mit dem Segen für die Kinder.

Rut: Du bist aber neugierig. Ich erzähl ja schon – aber nicht hier. Lass uns dort in den Schatten gehen. Da ist es angenehmer.
(Beide gehen ab.)

(Es folgt die Erzählung zur Kindersegnung mit Bewegungen, wie sie als 7. Station unter »Ein biblischer Segensweg«, S. 118 beschrieben ist.)

Segen für alle Völker

Anspiel zum 2. Freizeitgottesdienst:
Wem gilt der Segen aus dem Heilsgeschehen Christi?

Inhalt

Aus der Apostelgeschichte geht hervor, dass Paulus und Petrus sich auf dem Apostelkonzil in Jerusalem begegnet sind. Dort ging es um die Streitfrage, ob sich die Heidenchristen auch dem Bundeszeichen Gottes mit seinem Volk, also der Beschneidung und den Gesetzen des Mose, unterwerfen müssen. Wenn das auf dem Konzil beschlossen worden wäre, dann wäre das gleichbedeutend damit gewesen, dass das Kommen Jesu als des Messias in seiner Heilsbedeutung entwertet worden wäre. Dann aber ständen die hellenistischen Gemeinden, in denen Paulus die christliche Botschaft verkündigte, - wie etwa Antiochien - außerhalb des Heilsgeschehens. Sie waren nämlich ausschließlich wegen der Heilsbedeutung Jesu Christi - also allein aufgrund dieses Glaubens - Christen geworden (Apostelgeschichte 14 und 15). Zu solch einer Entwertung der Heilsbedeutung Jesu ist es nicht gekommen.

Daraus ergibt sich eine wichtige Folgerung: Im Neuen Testament wird die Heilsbedeutung Jesu als Segenshandeln Gottes verstanden. Es geht also auf dem Apostelkonzil um den Segen, ohne dass das Wort fällt. So ist das Apostelkonzil auch im Hinblick auf den Segen bedeutsam. Wenn die Botschaft von der Heilsbedeutung Jesu ohne Vorbedingungen auch für Heidenchristen gilt, dann gilt das gleichermaßen für seine Segensbedeutung. Dann gilt der Segen in Christus allen Völkern.

Von diesen Überlegungen ausgehend, erscheint es nun folgerichtig und legitim, wenn die Darstellung des Streites um die Heidenmission im Hinblick auf die Kinder lediglich in Bezug auf den Segen aufgegriffen wird und die Frage in den Mittelpunkt gerückt wird: Gilt der Segen nur für das Volk Israel oder gilt er allen Völkern?

Diese Frage wird im Hauptteil des Gottesdienstes in einem Anspiel aufgenommen: Paulus bereitet eine Rede für das Apostelkonzil vor, als Petrus dazukommt. Petrus fallen einige Begegnungen Jesu mit Heiden ein. Aus den alten Schriften erwähnt er dabei Abraham. Das lässt Paulus aufhorchen. Denn Abraham hört die Worte Gottes: »Du sollst gesegnet sein und in dir sollen gesegnet sein alle Völker.« Das bildet die Überleitung zur Darbietung der Geschichte von Abraham als Erzählung im Sandsack.

Rollen: Petrus, Paulus, (Maria)

Requisiten:
– Kleidung für alle Spieler/innen
– Lederbeutel mit getrockneten Kräutern)
– »Papyrusrolle«, Feder, Tinte
– Krug, zwei Becher, Kissen/Decken, Hockertische

(Paulus sitzt und bereitet sichtbar seine Rede vor. - Petrus kommt dazu, klopft an.)

Petrus: Schalom, Paulus!
Darf ich eintreten? - Ich hoffe, ich störe nicht.

Paulus: *(Freudig, steht etwas mühsam auf, geht Petrus entgegen.)*
Petrus! - Das ist aber eine Freude. Schön dich zu sehen.
Schalom! Komm herein!
(Beide umarmen sich.)
Setz dich! *(Beide setzen sich auf gefaltete Decken an einen der Hockertische.)*
Du hast sicher Durst.
(Er ruft.) Maria, bring einen Krug mit frischem Wasser für meinen Gast.
(Während Maria Krug und zwei Becher bringt, sprechen die Männer einfach weiter.)

Petrus: Ich soll dir herzliche Grüße von meiner Frau Rut ausrichten. Sie hat mir auch etwas für dich mitgegeben.
Hier in dem Beutel sind Heilkräuter aus ihrem Garten. Die Kräuter sollen dein Leiden lindern, wenn es dir mal wieder nicht so gut geht.

Paulus: Sage ihr, bitte, meinen herzlichen Dank für diese großzügige Gabe.
Ich weiß das sehr zu schätzen.
Diesen Beutel werde ich auf meinen Reisen immer dabei haben.

Petrus: *(zeigt auf die ausgebreiteten Papiere)*
Du bereitest gerade deine Rede für unser Treffen mit den anderen Jüngern und Aposteln vor?
Deshalb bin ich nämlich gekommen. Was denkst du zum »Segen«? Denkst du, dass alle Gottes Segen haben?

Paulus: Ob alle Gottes Segen haben?
Na klar! Keine Frage! Alle gehören zu Gott.

Petrus: Ja, ich weiß. *(gequält)*
Aber manche von den anderen Aposteln sagen, dass nicht alle dazugehören. Manche sagen, dass nur Juden zu Jesus gehören können. Dass nur Juden Christen sein können.

Paulus: Petrus, du hast doch Jesus selbst gekannt. Du hast ihn erlebt und auf seinem Weg begleitet.
Du weißt das doch besser als ich. Was hat Jesus denn gesagt?

Petrus: Gesagt? *(unsicher)* Keine Ahnung.
Gesagt hat er so genau dazu nichts. Jedenfalls habe ich es nicht mitbekommen. – Er hat gehandelt.

Paulus: Ah, das ist jetzt wichtig. Auch für meine Rede.
Kannst du das genauer sagen?

Petrus: Naja, Jesus hat dem römischen Hauptmann von Kapernaum geholfen.

Paulus: Der war gewiss kein Jude.

Petrus: Jesus hat auch ausländischen Frauen geholfen. Und er hat Geschichten erzählt. Die vom Mann aus Samaria, der dem Verletzten geholfen hat, während die Juden vorbeigegangen sind.

Paulus: Das ist gut, das kann ich in meiner Rede benutzen.
Um die anderen zu überzeugen, brauche ich aber noch einen deutlichen Hinweis aus den alten Geschichten.
Etwas aus den Geschichten aus der Zeit vor Jesus.

Petrus: Paulus, du bist der Gelehrte! Da kann ich dir nicht weiterhelfen.
Ich kenne zwar die Geschichten unserer Väter: Abraham, Isaak, Jakob, Josef, ... aber ... *(In die Worte fällt Paulus ein.)*

Paulus: Ah, Abraham - die Geschichte ist gut. Jetzt weiß ich, wie ich meine Rede halten werde.

Petrus: *(steht auf)* Dann will ich dich nicht länger stören.
Wir sehen uns bei dem Treffen, dem Konzil. Schalom!

Paulus: *(steht auch auf)* Danke, dass du gekommen bist. - Wir sehen uns.
Und bis dahin - Schalom, Petrus.

(Beide verabschieden sich mit einer Umarmung. - Paulus geht zu seinen Papieren zurück. Er nimmt alle seine Materialien und geht, vor sich hin murmelnd, ab.)

Paulus: Also wie war das noch mal mit Abraham?
Abraham lebte in Haran. Gott gab ihm den Auftrag in ein fremdes Land zu gehen.

(Es folgt die Erzählung aus der Abrahamgeschichte, wie sie als 4. Station unter »Ein biblischer Segensweg«, S. 118 beschrieben ist.)

Der Segen des Heilens und Helfens und das Leid

Anspiel zum 3. Freizeitgottesdienst und Erzählung auf dem Rücken

Inhalt
Der Segen bewahrt uns Menschen nicht vor Kummer und Leid. Aber der Segen kann uns in schwierigen Zeiten in der Gewissheit stärken, dass Gott es gut mit uns meint. Wenn andere Menschen uns in solchen Situationen helfend beistehen, dann entsprechen sie dem Segensauftrag Gottes, wie Abraham ihn hört: Ich will dich segnen und du sollst ein Segen sein. Auch Kinder kennen Kummer und Leid. Darum wurde der Aspekt des Leids und des segensreichen Helfens im dritten Gottesdienst aufgegriffen.

Das geschah in einem Anspiel, in dem Rut davon berichtete, dass das Haus des Nachbarn bei einem Erdbeben zerstört wurde.

Dass dem Nachbarn von vielen geholfen wird, deutet Petrus als segensreiches Tun.
Eine Erzählung auf dem Rücken zum Gleichnis vom barmherzigen Samariter macht deutlich, dass auch für Jesus das Helfen ein wichtiger Teil des Segens und seiner Botschaft ist.

Rollen: Petrus, Rut

Requisiten:
– Kleidung für alle Spieler/innen
– Wanderstab für Petrus
– Beutel aus Stoff mit Samen

(Petrus kehrt aus Jerusalem nach Hause zurück. Er sucht seine Frau.)

Petrus: Rut, Ruuuut!
Rut, ich bin wieder daaa!
Rut, wo steckst du denn?

Rut: *(kommt atemlos angelaufen)*
Petrus, endlich kommst du. Ich habe schon so auf dich gewartet.

Petrus: Ja, ich wollte schon längst wieder hier sein. Doch unser Treffen in Jerusalem war nicht ganz so einfach.

Die einen meinten, dass der Segen Gottes nur Juden gilt, und dass nur Juden Christen werden könnten.
Und die anderen meinten, dass der Segen Gottes allen Völkern gilt. Am Ende hat sich diese Auffassung durchgesetzt. Paulus hat ganz entscheidend dazu beigetragen.
Er hat eine wirklich gute Rede gehalten; die hat die Jünger und Apostel überzeugt. - Zumindest für den Augenblick.

Rut: Ach, ihr Männer mit euren wichtigen Gesprächen.
(ungeduldig) Ich hätte dich hier gebraucht.

Petrus: Was ist denn geschehen?
Ich merke schon die ganze Zeit, dass du sehr aufgeregt bist.

Rut: Es gab ein Erdbeben.
Bei uns ist nichts geschehen. Alles ist in Ordnung. Aber das komplette Haus unseres Nachbarn Nathanael ist eingestürzt.
Es stand wohl sehr ungünstig an der Felskante. Er hat alles verloren.

Petrus: Oh, das ist wirklich schlimm. - Wurde jemand verletzt?

Rut: Gott sei Dank nicht.
Aber ich frage mich, warum hat Gott das zugelassen? Unser Nathanael ist so ein guter Mensch. Immer freundlich! Immer hilfsbereit. Warum geschieht ihm das?
(nachdenklich) Ihr führt in Jerusalem große Reden über den Segen.
Aber hier geschieht Schreckliches.
Stehen denn nicht alle unter Gottes Segen? Dann hätte sich Gott doch kümmern müssen.

Petrus: Doch, jeder ist von Gott gesegnet.
Aber der Segen bewahrt uns Menschen nicht vor allem Kummer und Leid.
Der Segen trägt uns durch die schwierigen Zeiten des Lebens. Selbst wenn alles um uns herum schlecht zu sein scheint, Gott meint es gut mit uns.

Rut: Na, das sag jetzt mal Nathanael. Davon bekommt er sein Haus und seinen Garten auch nicht wieder.

Petrus: Aber wie ich euch kenne, habt ihr Nathanael sofort geholfen.
Rut: Ja, klar.
Er wird weiter unten ein neues Haus bauen. Etliche von den Steinen kann

er noch verwenden. Die anderen Männer wollen beim Aufbau des Hauses helfen. Gehst du auch hin?

Petrus: Das ist doch selbstverständlich. Und das ist dann auch Segen.

Rut: Du meinst, wenn wir helfen, dann ist das Segen?

Petrus: Genau! Dadurch, dass wir helfen, handeln wir segensreich.
Wir als Christen haben den Auftrag, segensreich zu handeln. Jesus selbst verkündete nicht nur mit Worten das Kommen des Reiches Gottes, sondern er handelte auch: Er half Leidenden, er heilte, er gab Hungrigen Brot.

Rut: Ich glaube, ich verstehe, was du meinst.
Durch unsere Hilfe bringen wir Gottes Segen zu den anderen?
(Sie lässt Samen durch die Finger rieseln.)
Ich werde Samen und Pflanzen im Garten sammeln. Damit kann Nathanael beginnen, seinen Garten wieder aufzubauen.
Das ist vielleicht nicht viel, aber ein Anfang.

Gleichnis vom Barmherzigen Samariter – Erzählung auf dem Rücken

Kernaussage:
Da sprach Jesus zu ihm: Geh auch du hin, tue desgleichen.
(Lukas 10,37)

Anleitung:

Wählt euch einen Partner!
Einer von euch legt sich bequem auf den Bauch.

Leg dich so bequem hin, dass du eine ganze Weile liegen bleiben kannst!
Schließe die Augen, wenn du willst!

Der andere kniet sich daneben.
Der Rücken deines Partners ist deine Tafel.

Wische die Tafel frei bis in die Ecken! Wenn du fertig bist, lege die Hände auf die Schultern.
Jetzt male auf die Tafel, was ich erzähle! Führe die einzelnen Bewegungen auf dem Rücken des Partners behutsam aus.

Da ist die Stadt Jerusalem.
Dort ist die Stadt Jericho.
Ein Weg verbindet beide Städte.
Der Weg führt über hohe Berge.

Ein Mann geht den Weg über die Berge.

Links und rechts des Weges gibt es hohe Felsbrocken.
Hinter den Felsbrocken verstecken sich Räuber.
Plötzlich stürzen sich die Räuber auf den Mann.
Sie schlagen ihn.
Er fällt zu Boden.
Die Räuber nehmen dem Mann alles weg.
Sie laufen fort.

Der Mann liegt verletzt auf dem Weg.
Da kommt ein Priester daher.
Er sieht den Verletzten am Boden liegen -
und geht vorbei.

Da kommt ein Tempeldiener vorbei.
Er sieht den schwer verletzten Mann dort liegen.
Er huscht schnell vorbei.

Da reitet ein Mann auf einem Esel.
Er kommt aus Samarien. Er ist ein Samariter.
Die Menschen aus Jerusalem und die Samariter sind Feinde.

Legt eure Hände nun auf die Schultern, lasst sie eine Weile dort!
Nehmt sie langsam weg.
Spürt der Wärme noch ein wenig nach.
Öffnet die Augen, setzt euch auf und räkelt und streckt euch wie eine Katze.
Fragt, wie es war und ob es angenehm war.
Tauscht nun die Plätze!

Der Samariter sieht den Verletzten.
Er hält den Esel an.
Der Samariter läuft schnell zu dem Verletzten hin.
Er legt ihm die Hand auf die Schulter.
»Ich helfe dir.«

Der Samariter holt eine kleine Flasche mit Öl.
Er öffnet die Flasche.
Er gießt das Öl vorsichtig aus der Flasche.
Das Öl verteilt sich.
Der Samariter reinigt die Wunden mit sauberen Tüchern.
Er verbindet alle Wunden.
Der Samariter hebt den Verletzten auf seinen Esel.
Er selbst geht neben dem Esel her und führt ihn zur nächsten Herberge.

Es wird Nacht.
Der Verletzte und der Samariter bleiben in der Herberge.
Am nächsten Morgen geht der Samariter zum Wirt.
Er gibt ihm Geld.
Er sagt zum Wirt: »Sorge gut für den Verletzten.
Wenn es mehr kostet, bezahle ich es, wenn ich zurückkomme.«
Dann verabschiedet sich der Samariter von dem Verletzten.

Legt eure Hände nun auf die Schultern, lasst sie eine Weile dort!
Nehmt sie langsam weg.
Spürt der Wärme noch ein wenig nach.
Öffnet die Augen, setzt euch auf und räkelt und streckt euch wie eine Katze.
Fragt, wie es war und ob es angenehm war.

Segen und Salbung

Anspiel zum 4. Freizeitgottesdienst: Gottes Zuwendung handgreiflich erleben

Inhalt
Beim Segenszuspruch in Form der Salbung wird der Segen als Gottes Zuwendung und Begleitung von den Kindern besonders intensiv gefühlt. Deshalb steht seit vielen Jahren der Salbungsgottesdienst am Ende der gemeinsamen Zeit, wenn die Freizeit ihrem Ende entgegengeht. Die inhaltliche Hinführung zur Segnung in Form der Salbung erfolgt durch die Himmelfahrtsgeschichte, in der Jesus die Jünger segnet und durch die Erklärung, dass die Salbung eine besondere Form des Segenszuspruches ist.
Die Segnung eines jeden Kindes erfolgt einzeln.

Vorbereitung
In den Tagen vor dem Gottesdienst gestaltet jedes Kind sich eine eigene Karte mit einem „gewebten" Kreuz als Segenszeichen. Darauf kann im Vorlauf zum Gottesdienst ein Segensspruch aufgeschrieben oder aufgeklebt werden, den das Kind sich aus einer bereitliegenden Auswahl heraussucht.
(Bastelanleitung der Karte: siehe unter »Kreatives zum Segen«, S. 155).

Rollen: Petrus, Rut (Frau von Petrus), Hanna (Verwandte, Bekannte) zu Besuch

Requisiten:
- Kleidung für alle Spieler/innen
- Weinstock aus dem ersten Gottesdienst
- echte Weintrauben - werden »geerntet«
- kleine Körbe
- zwei Messer
- schwerer Eimer

(Rut und Hanna »ernten« die Trauben.)

Hanna: Du Rut!?
Als ich das letzte Mal bei euch war, da haben wir doch über den Segen gesprochen.

Rut: *(Sie wendet sich Hanna zu.)* Ja, ich erinnere mich. Petrus machte sich gerade auf den Weg nach Jerusalem.

Hanna: Genau!
Ich musste die ganze Zeit darüber nachdenken, was du gesagt hast.

Rut: *(lachend)* Was ich gesagt habe? Habe ich denn so etwas Schlaues gesagt?

Hanna: Du hast davon gesprochen, dass wir Menschen uns zwar mühen, aber dass es Gott ist, der alles wachsen lässt. Und dass eine gute Ernte ein Segen ist.

Rut: Oh ja, und dass in der Schöpfungsgeschichte alle Menschen gesegnet sind.

Hanna: Gott stellt alle unter seinen Segen. Diesen Gedanken finde ich richtig gut. Weißt du, ich fühle mich manchmal sehr klein und unbedeutend. Aber wenn Gottes Segen auch mir gilt, dann gibt mir das Kraft – und Mut, Hoffnung und Zuversicht.

Petrus: *(Kommt gerade dazu. Trägt Eimer mit Wasser.)*
Was höre ich gerade?
Kraft und Mut?
Ich hoffe, das reicht jetzt erst einmal an Wasser. *(Setzt sich erschöpft hin.)*

Rut: Hanna meinte eben, dass der Segen ihr Kraft und Mut gibt.

Petrus: Oh ja, das Gefühl kenne ich.

Hanna: Du? Der große starke Petrus?
Der Petrus, der so kraftvoll den Menschen von Jesus erzählt.
(Geht zu Petrus und setzt sich neben ihn.)

Petrus: Ach, weißt du, Hanna. Ich bin nicht immer nur toll.
Ich habe schon oft etwas falsch gemacht.
Von Beruf bin ich Fischer. Das ist ein rauer und harter Beruf.
Schwere Netze ins Boot ziehen, ja das kann ich gut – schon immer.

Aber den Menschen von Jesus und Gott zu erzählen, das war nicht so einfach.
Doch bevor Jesus zu seinem Vater in den Himmel zurückgegangen ist, hat er uns auf einem Berg noch einmal zusammengerufen. Dort hat er uns den Auftrag gegeben: Wir sollen alles weitererzählen, was wir mit ihm erlebt haben. Vor allem, dass er auferstanden ist. Und dann hat Jesus zum Abschied mich und die anderen Jünger gesegnet.
Er hat seine Hände gehoben, sie auf meinen Kopf gelegt und mir Segensworte zugesprochen.
Das hat mir Mut und Kraft gegeben – für mein Leben.

Rut: Wenn ich dich so reden höre, dann erinnert mich das an den Segen, den Mose zum Abschied an seinen Nachfolger Aaron gegeben hat.

Hanna: Du meinst den Segen, der oft am Ende des Gottesdienstes gesprochen wird?
Gott segne und behüte dich,
er lasse sein Angesicht leuchten über dir und sei dir gnädig.
Gott erhebe sein Angesicht über dich und schenke dir Frieden.

Rut: Stell dir das mal vor, wie weit der Segen gespannt ist: von der Schöpfung, über Abraham, Isaak und Jakob, Mose und Aaron, über Jesus und seine Jünger bis hin zu uns – heute hier. Da kommt Gott uns dann ganz nah.

Petrus: Ja, auch wenn Menschen den Segen erbitten und Menschen ihn sprechen, der Segen geht immer von Gott aus.

Rut: Und das ist gut so. Sonst wäre es ja auch kein Segen.

SALBUNG

Hinführung zur Salbung

Liturg/in:

Im Segen kommt Gott uns Menschen ganz nah. Schon vor vielen, vielen Jahren haben Menschen ihn erfahren. Und das ist bis heute so geblieben. Du und ich, wir alle können es erfahren: Im Segen sagt Gott: »Ich bin bei dir. Ich bin für dich da.« Das war schon bei Abraham so.
Die Freunde von Jesus haben erfahren, dass ihnen der Segen die Kraft und den Mut gegeben hat. Es hat ihnen die Kraft und den Mut gegeben, den Menschen von Gott und von Jesus zu erzählen.

Bis heute gibt Gottes Segen den Menschen Kraft und Mut für ihr Leben und für alles, was ihnen auf ihrem Lebensweg begegnet: auch mir und dir, uns allen.
Und weil das so ist, wollen wir euch heute ein ganz besonderes Segenszeichen geben. Gleich kommt jede und jeder von euch zu mir. Dann werde ich das Segenswort, das du dir ausgesucht hast, als dein Segenswort sprechen. Aber nicht nur das! Zugleich werde ich ein klein wenig kostbares Salböl nehmen. Ich werde damit ein Segenszeichen auf deine Stirn oder deine Hand malen: ein Segenszeichen mit kostbarem Salböl.
Früher in Israel wurde der König mit kostbarem Salböl gesalbt. Das war das Zeichen: Gott segnet dich und ist ganz nah bei dir.
Und das sagt das Zeichen der Salbung bis heute. Wenn du gesalbt wirst, dann bedeutet das: Gott segnet dich. Er ist bei dir. Er kommt dir ganz nah. Er gibt dir Kraft und Mut für deinen Lebensweg, was auch kommen mag.

Aktion: Segnung der Kinder
Das Kind kommt zum Mitarbeiter/zur Mitarbeiterin, um gesegnet zu werden. Dabei zeigt es das ausgesuchte Segenswort auf der Karte, damit es dem Kind dann bei der Salbung zugesprochen werden kann. Es bekommt ein Kreuz mit Salböl wahlweise auf die Stirn oder in die rechte Handfläche. Begleitet wird der/die Segnende von zwei Helfern, die jeweils ihre rechte oder linke Hand auf den Rücken des/der zu Segnenden legen.

Ilona Brand und Team

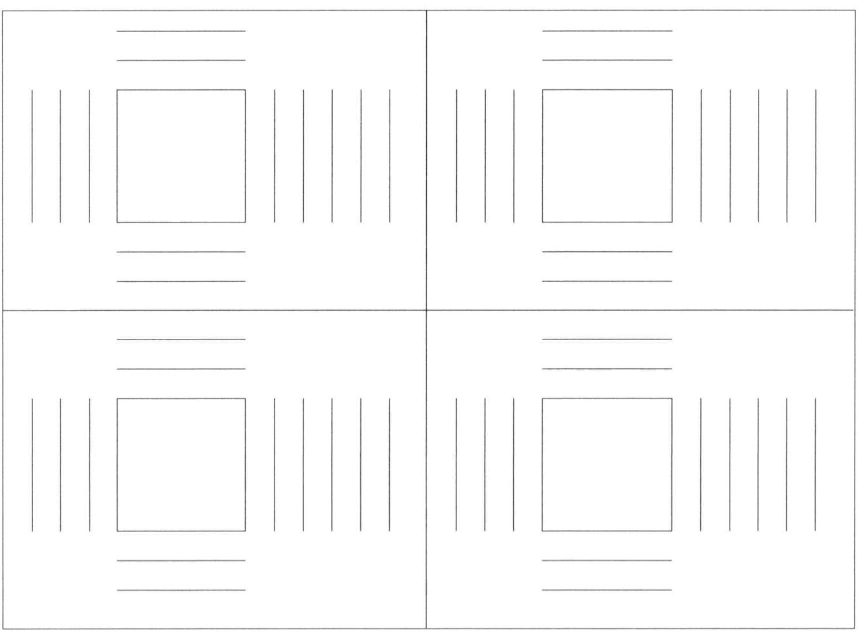

ANHANG: Kreatives zum Segen

Gewebte Segenskarte

VORBEMERKUNGEN

Idee

Im Handel gibt es viele Segenskarten zu kaufen. Für Kinder ist es aber eindrucksvoller, sich eine Segenskarte herzustellen. Aus dieser Überlegung heraus wurden in den Kinderfreizeiten der vergangenen Jahre bei der Segnung nicht mehr gekaufte Segenskarten verwendet, sondern von den Kindern selbst gewebte. Auf der fertigen Karte ist ein Kreuz als Segenszeichen zu sehen. Die Rückseite bietet Platz, ein individuelles Segenswort hinzuzufügen.

Einsatzmöglichkeiten: Freizeiten, Kindergottesdienst, Jungschar

Material

- eine Tonkartonkarte DIN A6,
- eine Tonkartonkarte DIN A5,
- acht Tonpapierstreifen, 1 cm dick,
- Cutter, Schere, Kleber.

So wird es gemacht

1. Die Vorlage (s. linke Seite) wird auf Tonkarton DIN A4 kopiert. Entlang der Randlinien wird die Kopie in DIN A6 große Karten geschnitten. Weiterarbeit mit den Karten im DIN-A6-Format.
2. Alle Linien werden mit dem Cuttermesser geschnitten.
3. Vier Papierstreifen werden längs in die Karte eingewebt, dabei ist die Mitte so zu behandeln, als wäre sie nicht da.
4. Die anderen vier Papierstreifen werden quer in die Karte eingewebt. Sie werden in der Mitte durch die anderen Streifen gewebt.
5. Die Enden aller Streifen werden abgeschnitten und die Streifen werden durch Kleber an den Enden fixiert.
6. Die Karte wird auf die zusammengeklappte DIN-A5-Karte geklebt.

(nach Johanna Klamt)

Segenskarten als Linoldruck oder Tonkachel

Idee
Ein selbst entworfenes Segensmotiv mit einem Linolschnitt drucken

Einsatzmöglichkeiten
Der Linolschnitt eignet sich gut dazu, Karten in beliebiger Anzahl mit einem selbst entworfenen Segensmotiv zu vervielfältigen und zu drucken. So lassen sich Grußkarten zu vielen Gelegenheiten erstellen. Auch das Deckblatt eines Taufbuches bei Taufen oder eines Ferienbuches mit Rätseln für lange Fahrten kann so geschmückt werden.

Motive
z.B.: Regenbogen, Segenshände, Segen im Bild des Baumes (Jeremia 17), Kreuz, segnender Christus, Schutzengel ...

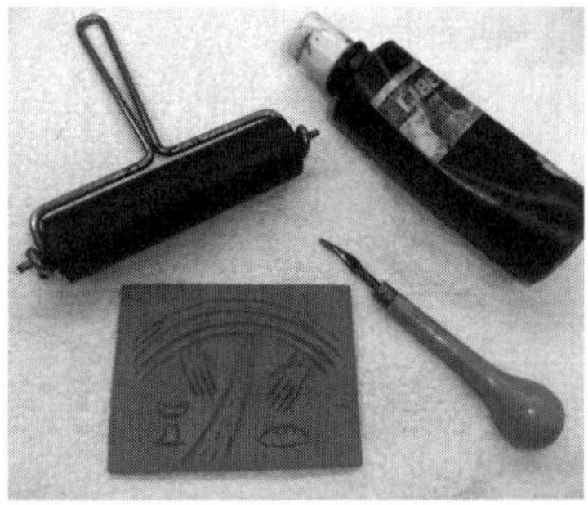

Material und Werkzeug
- Linolplatte,
- Linolschnittmesser mit verschiedenen Profilen,
- Farbwalze,
- Linoldruckfarbe (z.B. schwarz, grün, rot, blau),
- Druckwalze,
- weiße oder getönte Karten (größer als die Druckplatte),
- Brettchen oder Sperrholzplatte,
- Zeitung oder andere Unterlage,
- Bleistift und Radiergummi,
- Pergamentpapier,
- Kohlepauspapier.

(Alle Materialien sind in Bastelgeschäften erhältlich.)

So wird es gemacht

Linolschnitt

Der Entwurf:
Schon beim Entwurf ist es wichtig zu wissen, was beim Druck geschieht. Da Linoldruck ein Hochdruckverfahren ist, bedeutet das: Es erscheint alles, was nicht weggeschnitten ist, eingefärbt im Druck.
Einfache Entwürfe können unmittelbar mit dem Bleistift auf die Linolplatte gezeichnet werden. Anspruchsvollere Entwürfe zeichnet man im Maßstab 1 : 1 auf Pergamentpapier vor.
Beim Drucken entsteht eine Spiegelverkehrung. Dies ist vor allem beim Entwurf unmittelbar auf der Linolplatte zu beachten.
Wer auf dem Pergamentpapier entwirft, kann das zunächst außer acht lassen. Das Pergamentpapier mit dem fertigen Entwurf wird nämlich umgedreht und auf der Rückseite nachgezeichnet, indem man es an die Fensterscheibe hält. Nun wird diese Vorlage mit Hilfe des Kohlepauspapiers auf die Linolplatte übertragen.

Der Linolschnitt:
Mit Hilfe der unterschiedlichen Linolschnittmesser wird alles, was nicht gedruckt erscheinen soll, fortgeschnitten. Dabei muss die Hand mit dem Messer immer vom Körper weggeführt werden. Die zweite Hand, die die Platte hält, darf niemals vor das schneidende Messer geraten! (Verletzungsgefahr!)

Das Drucken:
- Karte auf Unterlage bereitlegen,
- Farbe auf das Brettchen aufbringen und Farbwalze darüber rollen,
- Druckplatte mit der Walze einfärben,
- Druckplatte mit eingefärbter Seite auf die Karte legen und mit sauberer Druckwalze andrücken.
- Druckplatte abheben und Karte zum Trocknen auf Zeitungspapier auslegen.

Variation: Kachel mit Segensmotiv aus Ton

Idee
Die Linolplatte kann auch dazu benutzt werden, in Ton abgedrückt zu werden. Auf diese Weise können Tonkacheln erstellt werden.

Material
- Linolplatte mit Segensmotiv,
- weißer, leicht chamottierter Ton,
- Nudelholzrolle,
- Messer,
- Spanplatte als Unterlage,
- Schwamm,
  (Alle Materialien findet man in Fachgeschäften für Töpfereibedarf bzw. der eigenen Küche.)
- Brennofen,
  (Falls nicht vorhanden, in Schule oder Töpfereiläden nachfragen.)
- Schere,
- Lederbändchen oder Häkelgarn.

So wird es gemacht

Der Ton wird wie Teig zu einer ca. 0,8 cm dicken Platte ausgerollt. Die Linolplatte wird auf den Ton aufgelegt. Mit der Nudelrolle wird mit dosiertem Druck mehrfach über die Rückseite der Linolplatte gefahren. Mit einem Messer wird die Linolplatte umfahren und die Tonkachel ausgeschnitten. Nun kann die Linolplatte abgehoben werden.

Soll die Kachel aufgehängt werden, wird mit Hilfe eines Trinkhalms ein Loch in den noch feuchten Ton gedrückt. (Trinkhalm dabei drehen!) Mit einem Schwamm werden die Ränder geglättet und eventuelle Verformungen ausgeglichen. Zum Trocknen wird die Kachel mit nicht allzu schweren Steinen an den Ecken beschwert, damit sie plan bleibt.

Nach dem Trocknen kommen die Kacheln zum Schrühbrand in den Brennofen. Die geschrühten Kacheln werden nun mit Braunstein eingefärbt. Der Braunstein wird nach dem Trocknen mit einem feuchten Schwämmchen vorsichtig wieder abgewaschen, so dass die Konturen sich hell vom dunkleren Untergrund abheben. Anschließend erfolgt der 2. Brand im Brennofen.

Soll die Kachel aufgehängt werden, so wird nach dem Abkühlen ein Lederband oder Häkelgarn in der gewünschten Länge zugeschnitten, durch das Loch gezogen und verknotet.

Segenslicht

Vorbemerkungen

Idee
Aus weißem oder farbigem Papier und Teelichtern werden einfach herzustellende Leuchten mit Segensworten.

Einsatzmöglichkeiten
Am Ende von Segenseinheiten: Kindergottesdienst, Konfirmandenunterricht, Schule, Freizeit, Jungschar, Gemeindekreise

Zielgruppe: Kinder und Jugendliche, eventuell Gemeindekreise

Material
- Kopien der Vorlage in der benötigten Anzahl auf weißem oder gelbem Kopierpapier,
- Schere,
- Klebstoff,
- Teelicht oder kleine Kerze, Streichhölzer.

So wird es gemacht

1. Vorlage für das Segenslicht (s. S. 160) auf weißes oder gelbes Kopierpapier (DIN A4!) kopieren und ausschneiden.
2. Mit der Schriftseite nach unten hinlegen.
3. Die vier Kreuzarme an den gestrichelten Linien des Mittelquadrates entlang falten und nach oben klappen.
4. Wieder auf die Unterlage zurückklappen und nun an den gestrichelten Linien der Kreuzarme entlang zu einem Klebefalz falten und jeweils Klebstoff aufbringen.
5. Jeweils zwei benachbarte Kreuzarme hochziehen und am Klebefalz festkleben.
6. Ein Teelicht anzünden und in das Segenslicht hineinstellen.

Texte

Gottes Segen
sei Licht auf
deinem Weg!

Gottes Segen
mache
dein Leben
hell!

Gott segne dich!
Sein Angesicht
lasse er
leuchten über dir!

Gottes Segen
begleite dich sanft
wie warmer
Kerzenschein!

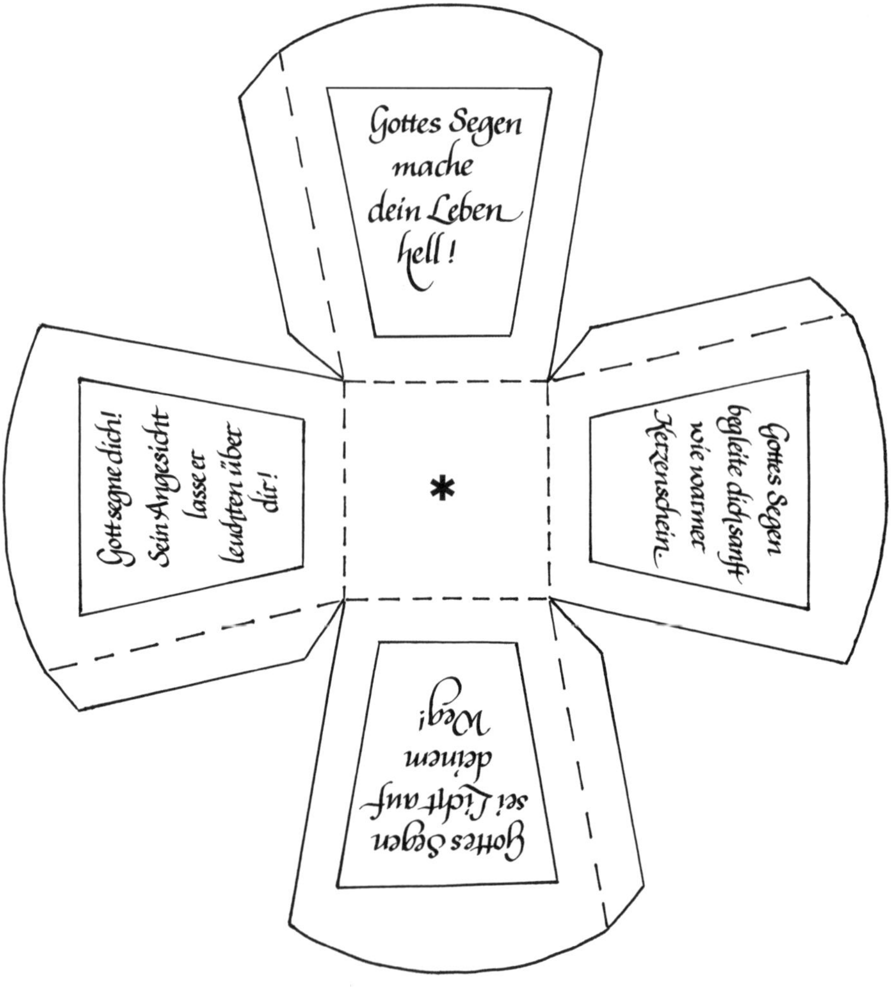
Gottes Segen mache dein Leben hell!
Gott segne dich! Sein Angesicht lasse er leuchten über dir!
Gottes Segen begleite dich sanft wie warmer Kerzenschein.
Gottes Segen sei Licht auf deinem Weg!